合肥海关年鉴

2022

《合肥海关年鉴（2022）》编纂委员会——编著

中国海关出版社有限公司
·北京·

图书在版编目（CIP）数据

合肥海关年鉴.2022/《合肥海关年鉴（2022）》编纂委员会编著.—北京：中国海关出版社有限公司，2023.3
（中国海关史料丛书）
ISBN 978-7-5175-0648-5

Ⅰ.①合… Ⅱ.①合… Ⅲ.①海关—合肥—2022—年鉴 Ⅳ.①F752.55-54

中国国家版本馆CIP数据核字（2023）第039573号

合肥海关年鉴（2022）

HEFEI HAIGUAN NIANJIAN（2022）

作　　者：《合肥海关年鉴（2022）》编纂委员会	
责任编辑：文珍妮	
助理编辑：窦廷尧	
出版发行：中国海关出版社有限公司	
社　　址：北京市朝阳区东四环南路甲1号	邮政编码：100023
编 辑 部：01065194242-7533（电话）	
发 行 部：01065194221/4238/4246/5127（电话）	
社办书店：01065195616（电话）	
https://weidian.com/?userid=319526934（网址）	
印　　刷：北京新华印刷有限公司	经　　销：新华书店
开　　本：889mm×1194mm　1/16	
印　　张：15	字　　数：268千字
版　　次：2023年3月第1版	
印　　次：2023年3月第1次印刷	
书　　号：ISBN 978-7-5175-0648-5	
定　　价：150.00元	

海关版图书，版权所有，侵权必究
海关版图书，印装错误可随时退换

《合肥海关年鉴》编纂委员会

主　　　任　　辛建民

副　主　任　　何培玲　朱秋明　丁艺宏　吴向前　钟明星
　　　　　　　刘学惠　谢国柱　姜开源　雷海涛

编纂委员会委员　（按姓氏笔画排列）

　　　　　　　丁文治　王　伟　王　炯　王　静　王克杰
　　　　　　　王春晖　卞学东　尹　俊　左　洁　叶向光
　　　　　　　刘　川　刘全卫　严伟民　李永春　李淮生
　　　　　　　余晓峰　汪海青　汪德葆　张百存　张　勉
　　　　　　　张　勇　张　静　罗春明　季亚东　竺剑波
　　　　　　　周　勇　郝向东　胡　军　胡　浩　查成林
　　　　　　　施立蔚　姚　剑　倪小玲　曹　勇　彭　军
　　　　　　　程　培　程银高　傅　俊　曾　虎　缪传真
　　　　　　　戴　雷

《合肥海关年鉴》编辑部

总　　　　编　　辛建民（兼）

主　　　　编　　吴向前

执 行 主 编　　张　新　倪小玲

责 任 编 辑　　（按姓氏笔画排列）
　　　　　　　　王　萌　刘士全　杨　凯　张朝晖

编辑说明

一、《合肥海关年鉴》是系统记述合肥海关政治建设、海关业务、政务关务保障、事业发展等方面情况的年度资料文献，是具有权威性、综合性、实用性的工具书，每年出版一卷，本卷为首卷。

二、《合肥海关年鉴（2022）》以习近平新时代中国特色社会主义思想为指导，认真贯彻落实习近平总书记关于党史学习教育和修志用志等一系列重要讲话和指示批示精神，全面系统地记载2021年合肥海关建设发展情况，充分发挥年鉴存史、资政、育人作用，为建设社会主义现代化海关提供强大的精神动力和史实支撑。

三、《合肥海关年鉴（2022）》主体内容以合肥海关关区即安徽省现行行政区划为记述范围，记述时限为2021年1月1日至2021年12月31日。随文图表资料是文字资料的重要补充，反映各方面的特色和亮点。文中引用数据因四舍五入，个别合并项与分项和之间略有差异。

四、《合肥海关年鉴（2022）》分为9个篇目：特载、专记、党的建设、海关业务、政务关务保障、隶属海关、事业单位、荣誉榜、大事记。

《合肥海关年鉴》编辑部
2022年10月

目 录

海关专题图片 ·················· 1

第一篇 特 载

合肥海关概况 ·················· 3
合肥海关贯彻落实《"十四五" 海关发展
　规划》 实施方案 ·············· 6
海关总署　安徽省人民政府合作
　备忘录 ···················· 12
重要会议文件选辑 ·············· 18

第二篇 专 记

深入开展党史学习教育综述 ········ 49
学习贯彻党的十九届六中全会精神综述 ··· 52
统筹推进疫情防控和经济社会发展工作 ··· 54
安徽自由贸易试验区海关创新
　案例（2021） ················ 57
推深做实"全随机"工作法 ·········· 75
以新时代"枫桥经验" 多元化解行政
　争议 ······················ 78
定点帮扶及推动乡村振兴工作 ······ 80

第三篇 党的建设

党建工作 ······················ 85
　思想政治建设 ················ 85
　基层组织建设 ················ 85
　党风廉政建设 ················ 85
　作风制度建设 ················ 86
巡视巡察 ······················ 87
　巡视工作 ···················· 87
　巡察工作 ···················· 87
纪检监察 ······················ 88
　监督检查 ···················· 88
　执纪问责 ···················· 88
队伍管理 ······················ 89
　机构编制管理 ················ 89
　干部人事管理 ················ 89
　队伍建设 ···················· 89
　教育培训 ···················· 90
离退休干部工作 ················ 91
　离退休干部党建工作 ·········· 91
　离退休干部服务管理 ·········· 91
　离退休干部文化活动 ·········· 91

001

第四篇　海关业务

通关运行管理 …………………… 95
　　通关运行 ………………………… 95
　　知识产权保护 …………………… 95
　　自由贸易试验区建设 …………… 95
口岸监管 ………………………… 96
　　货物监管 ………………………… 96
　　中欧班列 ………………………… 96
　　跨境电商 ………………………… 96
　　市场采购 ………………………… 97
　　智能审图 ………………………… 97
风险管理 ………………………… 98
　　风险信息情报 …………………… 98
　　风险预警 ………………………… 98
　　大数据应用 ……………………… 98
关税征管 ………………………… 99
　　税则税政 ………………………… 99
　　税收征管 ………………………… 99
　　税收风险防控 …………………… 99
　　原产地管理 ……………………… 99
卫生检疫 ………………………… 100
　　检疫管理 ………………………… 100
　　生物安全 ………………………… 100
　　疾病监测 ………………………… 100
　　卫生监督 ………………………… 100
动植物检疫 ……………………… 101
　　进出境动物检疫 ………………… 101
　　进出境植物检疫 ………………… 101

食品检验检疫 …………………… 102
　　进口食品检验检疫 ……………… 102
　　出口食品检验检疫 ……………… 102
商品检验 ………………………… 103
　　进口商品检验 …………………… 103
　　出口商品检验 …………………… 103
统计分析与政策研究 …………… 104
　　统计调查 ………………………… 104
　　贸易统计 ………………………… 104
　　业务统计 ………………………… 104
　　统计数据运用和管理 …………… 104
　　统计新闻宣传和服务 …………… 104
　　政策研究 ………………………… 104
　　监测预警 ………………………… 105
企业管理和稽查 ………………… 106
　　企业管理 ………………………… 106
　　保税监管 ………………………… 106
　　稽查核查 ………………………… 106
　　属地查检 ………………………… 106
查缉走私 ………………………… 108
　　概述 ……………………………… 108
　　综合治理 ………………………… 108
技术性贸易措施 ………………… 109
　　技贸措施应对 …………………… 109
　　技术规范制定 …………………… 109

第五篇　政务关务保障

法治建设 ………………………… 113

法规管理 …………………… 113
　　复议应诉 …………………… 113
　　法制协调和法治宣传 ………… 113
政务管理 ……………………… 114
　　应急值守 …………………… 114
　　信息宣传 …………………… 114
　　会议管理 …………………… 114
　　公文处理 …………………… 114
　　督查督办 …………………… 114
　　保密管理 …………………… 114
　　档案管理 …………………… 115
　　政务公开 …………………… 115
　　信访工作 …………………… 115
财务管理 ……………………… 116
　　税费财务管理 ……………… 116
　　预算管理 …………………… 116
　　涉案财物管理 ……………… 116
　　企事业财务管理 …………… 116
　　基建管理 …………………… 116
　　资产管理 …………………… 116
科技发展 ……………………… 117
　　信息化建设 ………………… 117
　　网络安全 …………………… 117
　　实验室管理 ………………… 117
　　科研管理 …………………… 117
督察内审 ……………………… 118
　　督察监督 …………………… 118
　　内部审计 …………………… 118
　　内控建设 …………………… 118
　　执法评估 …………………… 118

第六篇　隶属海关

合肥新桥机场海关 ……………… 123
　　概况 ………………………… 123
　　党建工作 …………………… 123
　　海关业务 …………………… 124
　　疫情防控 …………………… 124
庐州海关 ……………………… 126
　　概况 ………………………… 126
　　党建工作 …………………… 126
　　海关业务 …………………… 127
芜湖海关 ……………………… 129
　　概况 ………………………… 129
　　党建工作 …………………… 129
　　海关业务 …………………… 130
安庆海关 ……………………… 132
　　概况 ………………………… 132
　　党建工作 …………………… 132
　　海关业务 …………………… 133
马鞍山海关 …………………… 135
　　概况 ………………………… 135
　　党建工作 …………………… 135
　　海关业务 …………………… 136
黄山海关 ……………………… 138
　　概况 ………………………… 138
　　党建工作 …………………… 138
　　海关业务 …………………… 139
蚌埠海关 ……………………… 141
　　概况 ………………………… 141

党建工作 …………………… 141
　　海关业务 …………………… 142
铜陵海关 ………………………… 144
　　概况 ………………………… 144
　　党建工作 …………………… 144
　　海关业务 …………………… 145
阜阳海关 ………………………… 147
　　概况 ………………………… 147
　　党建工作 …………………… 147
　　海关业务 …………………… 148
池州海关 ………………………… 150
　　概况 ………………………… 150
　　党建工作 …………………… 150
　　海关业务 …………………… 151
滁州海关 ………………………… 152
　　概况 ………………………… 152
　　党建工作 …………………… 152
　　海关业务 …………………… 153
宣城海关 ………………………… 154
　　概况 ………………………… 154
　　党建工作 …………………… 154
　　海关业务 …………………… 155
宿州海关 ………………………… 157
　　概况 ………………………… 157
　　党建工作 …………………… 157
　　海关业务 …………………… 158
淮北海关 ………………………… 159
　　概况 ………………………… 159
　　党建工作 …………………… 159
淮南海关 ………………………… 160
　　概况 ………………………… 160

　　党建工作 …………………… 160
　　海关业务 …………………… 161
六安海关 ………………………… 162
　　概况 ………………………… 162
　　党建工作 …………………… 162
　　海关业务 …………………… 163
亳州海关 ………………………… 165
　　概况 ………………………… 165
　　党建工作 …………………… 165
　　海关业务 …………………… 167

第七篇　事业单位

合肥海关技术中心 ……………… 171
　　概况 ………………………… 171
　　执法保障 …………………… 171
　　市场业务 …………………… 171
　　科研创新 …………………… 172
　　能力建设 …………………… 172
　　对外合作 …………………… 172
安徽国际旅行保健中心
（合肥海关口岸门诊部）………… 173
　　概况 ………………………… 173
　　新增资质 …………………… 173
　　实验室建设 ………………… 173
　　业务发展 …………………… 173
合肥海关后勤管理中心 ………… 174
　　概况 ………………………… 174
　　综合保障 …………………… 174

疫情防控 …………………… 174
　　集约化管理 …………………… 174
中国电子口岸数据中心合肥分中心 …… 175
　　概况 …………………… 175
　　"单一窗口"标准版 …………… 175
　　电子口岸卡 …………………… 175
　　跨境通道业务 ………………… 175
　　"关银一KEY通"项目 ………… 175
　　跨境电商数据交换二级节点 …… 176
　　信息化项目 …………………… 176

第八篇　荣誉榜

首次授予"光荣在党50年"纪念章
名单 …………………………… 179
2021年国务院"授衔令"（二级关务
监督及以上）………………… 180

第九篇　大事记

2021年合肥海关大事记 …………… 183

附　录

2021年合肥海关公告 ……………… 203

"中国海关史料丛书"编委会

"中国海关史料丛书"编委会 ……… 205

海关专题图片
——庆祝中国共产党成立 100 周年专辑——

◀ 参加总署党史学习教育动员会现场

处以上领导干部赴金寨县红军广场革命烈士纪念塔进献花蓝 ▶

◀庆祝中国共产党成立100周年表彰大会

关长辛建民颁发"光荣在党50年"纪念章 ▶

◀ 关领导与党龄50周年的老同志合影留念

表彰优秀共产党员 ▶

领导活动

◀ 2021年1月19日，关长辛建民看望慰问离退休干部

2021年1月21日，关长辛建民到合肥港调研 ▶

◀ 2021年3月23日，关长辛建民在"3·15"走私案查扣物品清点现场调研

2021年6月2—3日,党委纪检组组长何培玲在芜湖海关开展"一学习、两整治"工作调研

◀2021年3月26日,政治部主任李晋到办公室党支部参加"党史学习教育·党委委员谈心日"活动

2021年6月24—25日,副关长朱秋明在芜湖海关调研并督导疫情防控工作

◀ 2021年10月20—21日,副关长丁艺宏在中电科芜湖钻石飞机制造有限公司调研

2021年12月17日,党委委员、缉私局局长钟明星为关区政务公开培训班授课 ▶

◀ 2021年4月20日,副关长雷海涛出席关区兼职内务规范教督员集训班并作开班动员

党建工作

◀举办"学史·铸魂"专题讲堂

举办党史学习教育知识竞赛 ▶

党委理论学习中心组集体学习习近平"七一"讲话

◀举办警示教育月活动

参加安徽省党政机关庆祝中国共产党成立100周年群众歌咏大会

刘川荣获安徽省"优秀共产党员"称号 ▶

◀集体参观庆祝中国共产党成立100周年主题展览

合肥海关青年党员代表赴延乔路祭奠先烈 ▶

业务改革与发展

◀跨境电商监管区域出口海外仓零售业务开通

蚌埠海关对市场采购贸易出口货物现场实施监管 ▶

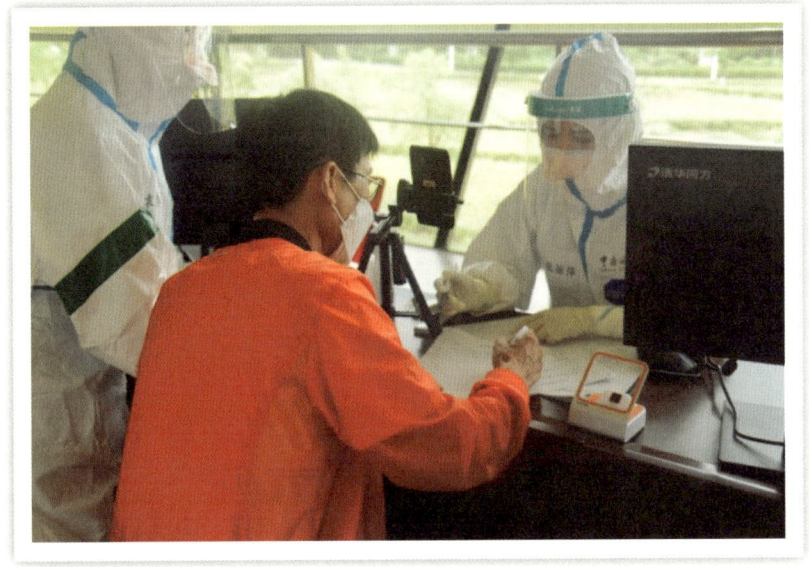

◀ 合肥新桥机场海关对入境旅客开展流调

庐州海关监管出口水稻 ▶

◀ 宣城海关对进境粮食进行后续监管

▶ 铜陵海关关员对保税物流中心入库商品进行审核

◀ 洋山港—芜湖港"联动接卸"海关监管新模式启动

▶ 长三角海关特殊货物检查一体化改革试点落地

依法行政

举办模拟法庭 ▶

◀ 组织民法典学习

开展宪法宣传周宣讲活动 ▶

◀ 开展宪法日宣传活动

从进口邮件中截获动物皮毛 ▶

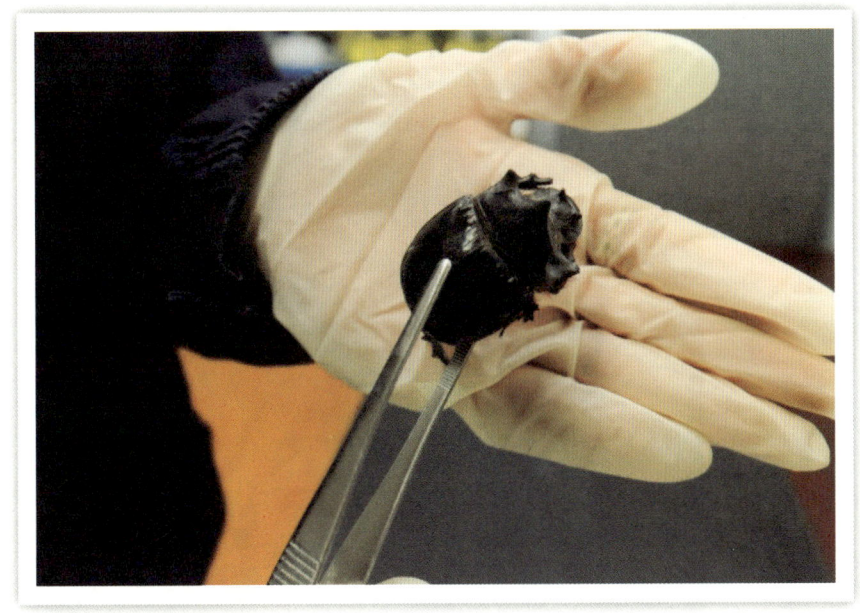

◀ 从进口邮件中截获有害生物——甲虫

关员查获入境象牙制品 ▶

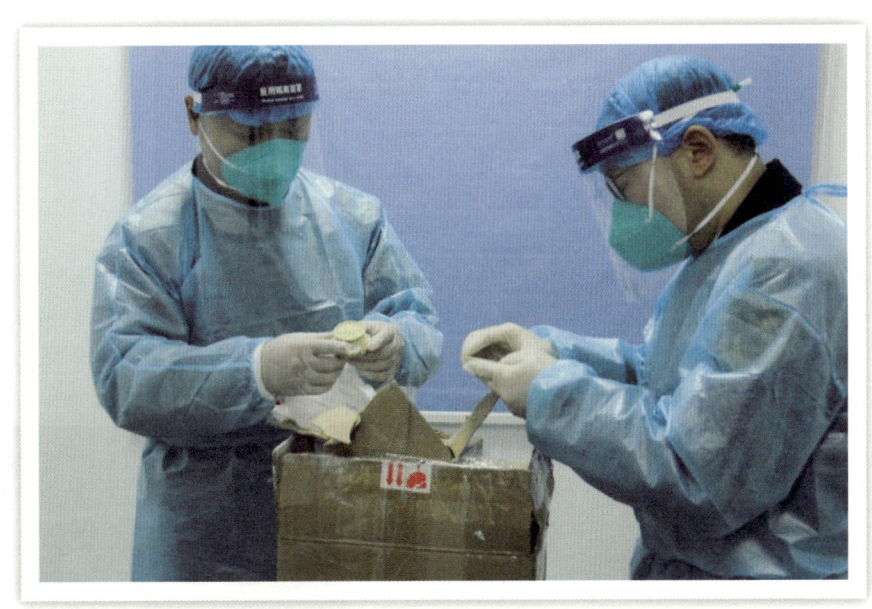

科技创新

关员对入境集装箱开展H986机检审像作业

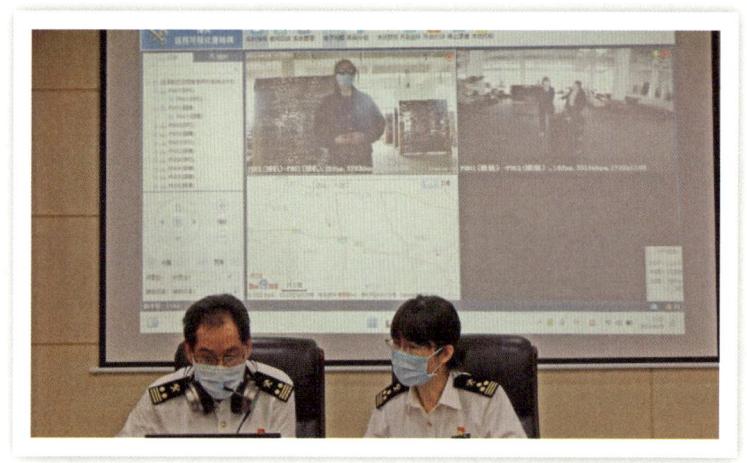

阜阳海关利用可视化系统对出境竹木草制品进行远程查检

科技活动周启动仪式

关领导参加科技体验日活动 ▶

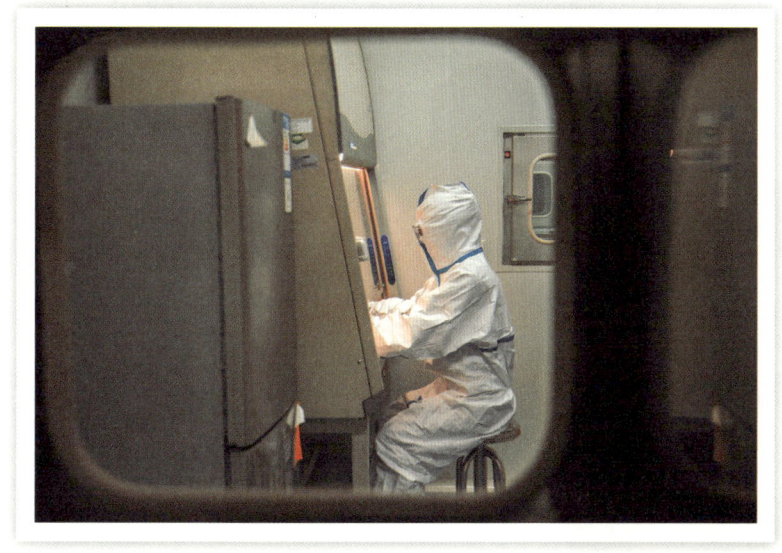

◀ 全年共完成 29,653 人份新冠病毒核酸检测,结果全部为阴性

全国首次截获月见草跳甲、球花豆、球形环蛛等 ▶

党风廉政建设

"现场监管与外勤执法权力寻租"专项整治沟通会

◀宿州海关动员部署专项整治工作

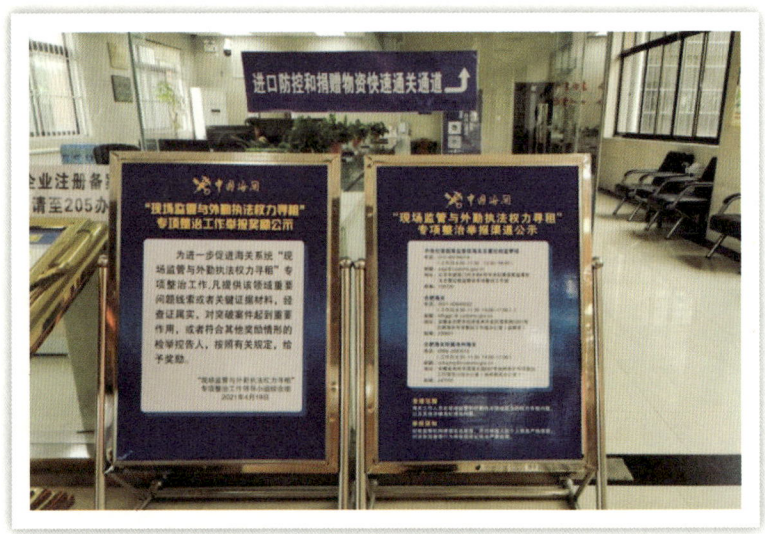

池州海关在报关大厅公示专项整治举报渠道

设置专人对违规事项个人申报进行开拆整理 ▶

◀ 开展准军事化队列训练
▼

第一篇

特

载

合肥海关概况

1987年7月,国务院批准在合肥市设立中华人民共和国合肥海关(以下简称"合肥海关"),副厅(局)级,直属海关总署(以下简称"总署")。1989年5月,合肥海关开关。2000年12月,经总署批准,合肥海关调整为正厅(局)级单位。2018年4月20日起,原安徽出入境检验检疫局统一以合肥海关名义对外开展工作。2019年1月9日,合肥海关各机构和人员按照新的"三定"规定履行职责。合肥海关业务管辖范围为安徽省全境,承担关区监管、征税、查缉走私、出入境检验检疫、海关统计、海关稽查、知识产权海关保护等工作职责。关区共有对外开放口岸7个,其中空运口岸2个,分别为新桥国际机场、黄山国际机场;水运口岸5个,分别为马鞍山港、芜湖港、铜陵港、安庆港、池州港。海关特殊监管区域和保税监管场所32个,其中综合保税区5个,分别为合肥综合保税区、合肥经济技术开发区综合保税区、芜湖综合保税区、马鞍山综合保税区、安庆综合保税区;保税物流中心(B型)5个,分别为合肥空港保税物流中心、蚌埠(皖北)保税物流中心、铜陵(皖中南)保税物流中心、安庆(皖西南)保税物流中心、安徽皖东南保税物流中心;保税仓库22个,分别为合肥中外运泓明物流有限公司寄售维修型保税仓库、芜湖雨耕山公用型保税仓库、马鞍山港口集团保税仓库、黄山天玺公用型保税仓库、和鸿电气股份有限公司保税仓库、安徽三宝棉纺针织投资有限公司保税仓库、池州万仓公用型保税仓库、菲力克公用型保税仓库、池州市月亮湾自用型保税仓库、安徽铜冠有色金属公用型保税仓库、中物联创公用型保税仓库、宿州皖北保税仓储物流公用型保税仓库、淮南经济开发区公用型保税仓库、博帆公用型保税仓库、太阳升公用型保税仓库、安徽同康公用型保税仓库、安徽速搜物流公用型保税仓库、药投公用型保税仓库、安徽一隆公用型保税仓库、潜山市源潭建设投资有限公司公用型保税仓库、安庆市德久公用型保税仓库、安徽宁川贸易有限公司公用型保税仓库。

截至2021年12月底,合肥海关内设

15个正处级机构：办公室（党委办公室）、法规处、综合业务处、关税处、卫生检疫处、动植物检疫处、进出口食品安全处、商品检验处、口岸监管处、统计分析处、企业管理和稽查处、财务处、科技处、督察内审处、人事教育处（党委组织部）。另设立3个正处级机构：机关党委（思想政治工作办公室、党委宣传部、党委巡察工作办公室）、监察室（党委纪检组）、离退休干部办公室。下设正处级隶属海关单位18个：合肥新桥机场、庐州（下设副处级驻邮局办事处）、芜湖、安庆、马鞍山、黄山、蚌埠、铜陵、阜阳、池州、滁州、宣城、宿州、淮北、淮南、六安、亳州海关和合肥海关风险防控分局。管理事业单位3个：合肥海关后勤管理中心、合肥海关技术中心、安徽国际旅行卫生保健中心（合肥海关口岸门诊部）。由总署委托合肥海关管理的所属事业单位1个：中国电子口岸数据中心合肥分中心。合肥海关党委向隶属海关派驻12个纪检组。缉私局下设缉私分局3个：芜湖海关缉私分局、铜陵海关缉私分局、合肥海关驻新桥机场办事处缉私分局。合肥海关行政编制核定753名，实有人员741人（公务员728人、老工人13人）。事业编制核定162名，实有人员106人。缉私警察编制核定44名，实有43人。党的基层组织分别设立直属机关党委1个、党总支10个、党支部106个、党员1,057名。

2021年，合肥海关以习近平新时代中国特色社会主义思想为指导，在总署党委的坚强领导下，统筹疫情防控和经济社会发展，以"四干"作风促各项目标任务完成。深入学习贯彻习近平新时代中国特色社会主义思想，全面落实"第一议题"制度，扎实开展党史学习教育和庆祝中国共产党成立100周年系列活动。关党委集体学习习近平总书记重要指示批示精神62篇次，组织理论学习中心组学习21次，举办专题培训班、读书班6期。打造"行走的课堂"，赓续红色血脉。认真落实党建第一责任，建立健全党支部述学评学机制，推进"强基提质工程"，"全随机"法入选全国海关基层党建首批创新案例，机关主要负责同志当选中共安徽省第十一届委员会委员。深入贯彻习近平总书记关于疫情防控的重要指示精神，坚定落实常态化疫情防控总策略总方针，保持"打胜仗、零感染"。深化长三角海关一体协同，实施"两优化三一体"等改革举措。持续打击"洋垃圾"、象牙等濒危物种及其制品、"水客"、涉枪涉毒等走私。促进安徽省实现进出口额6,920.2亿元，同比增长26.9%。海关特殊监管区域进出口1,115亿元，同比增长25%。安徽自由贸易试验区进出口1,540.7亿元，同比增长1.4倍。对"一带一路"沿线国家和地区进出口1,790.1亿元，同比增长36%；对《区域全面经济伙伴关系协定》（RCEP）贸易伙伴进出口1,814亿元，同比增长14.3%。H2018系统3.0版、智能审图、邮递物品管理辅助系统等上线运行,关区 H986 集中审像中心建成运行。参加总署 24 部规章立法后评估,参与权责清单编制首批试点。"船边直提""抵港直装"全面推广,参与安徽自由贸易试验区推进行动计划。协调推动海关查获走私冻品、非法入境固体废物、"三无"船舶等归口地方相关部门处置,通过"产权移交、委托保管"模式解决濒危物品长期滞库问题。助推《海关总署 安徽省人民政府合作备忘录》签订。坚持"好干部"标准,加快年轻干部培养,强化执法一线科长队伍建设。加强对"一把手"和领导班子监督,探索建立主要负责同志政治监督谈话制度。开展"我为群众办实事"实践活动、"推绕拖""懒散浮"专项整治和"现场监管与外勤执法权力寻租"专项整治。在政策范围内落实"同城同待遇"。与安徽省总工会联合举办安徽自由贸易试验区建设立功竞赛,推动关团委直属团省委领导,加强与省妇联的工作联系。

关区有安徽省国际旅行卫生保健中心（合肥海关口岸门诊部）、芜湖海关码头报关厅、庐州海关报关厅、安庆海关报关厅、宣城海关报关厅、保健中心体检大厅、芜湖海关报关厅、合肥海关驻临泉县铜城镇杨营村扶贫工作队、合肥新桥机场海关、合肥海关办公室机要档案科、合肥海关办公室信息宣传科 11 个集体,王咏梅、刘川、许佳、谢天乐、黄赛姣、许宗茂、于德源、祝高峰、蒋传新、王宏龙 10 名个人获得省部级及以上荣誉表彰。

合肥海关贯彻落实《"十四五"海关发展规划》实施方案

为贯彻落实《海关总署关于印发〈"十四五"海关发展规划〉的通知》（署统发〔2021〕51号）要求，结合关区实际，制定《合肥海关贯彻落实〈"十四五"海关发展规划〉实施方案》（以下简称《实施方案》）。

一、指导思想

坚持以习近平新时代中国特色社会主义思想为指导，深入贯彻落实党的十九大、十九届二中、三中、四中、五中、六中全会精神，立足新发展阶段，完整、准确、全面贯彻新发展理念，坚持系统观念，聚焦服务高质量发展，推动高水平开放，保障高标准安全，服务构建新发展格局。以社会主义现代化海关建设为战略牵引，锲而不舍、一以贯之推进政治建关、改革强关、依法把关、科技兴关、从严治关，强化监管优化服务，全面提升海关制度创新和治理能力建设水平，为建设现代化美好安徽持续注入海关动能。

二、总体目标

坚持把落实《"十四五"海关发展规划》同贯彻落实党中央各项决策部署衔接起来，同安徽省第十一次党代会精神要求联系起来，同抓好当前海关重点工作结合起来，切实增强贯彻落实《"十四五"海关发展规划》的主动性和责任感。《"十四五"海关发展规划》明确了"十四五"期间海关发展的指导思想、遵循原则和主要目标，紧紧围绕海关重要职能特征，确立了具有海关标志性特点的4大类15个主要指标。各单位、各部门要加强对"十四五"海关主要发展指标研究工作，同落实规划提出的7大方面42项主要任务紧密结合起来，锚定2035年基本建成社会主义现代化海关的远景目标，持续深化"五关"建设，发扬"四干"精神，努力实现五个"大幅提升"，为安徽强化"两个坚持"、实现"两个更大"贡献海关力量。

三、工作重点

《实施方案》以"具体、实际、可量化、可实现、分阶段"为编制要求,将《"十四五"海关发展规划》中4大类15个主要指标,细化为43项总体任务、84件具体目标任务。《实施方案》精准对接规划设置的23个专栏,重点推进突出支撑性、引领性以及补短板、强弱项的20个重点建设工程,以钉钉子精神抓好重大工程、重大项目、重大政策的落实。在实施举措方面,设置年度阶段性目标及评估指标,提高阶段性落实情况的监督审查工作的可操作性,力争项项有安排、件件能落实。合肥海关贯彻落实《"十四五"海关发展规划》实施方案重点任务分工落实表和《"十四五"海关发展规划》专栏二十项工程任务分解表见附件。

"十四五"海关发展的15个主要指标,计约束性指标6个,预期性指标9个。《实施方案》结合关区实际制定工作举措,以保障相关指标设置要求在合肥关区切实落实(见表1-1)。

表1-1 合肥海关推进落实"十四五"海关发展主要指标任务分解表

序号	指标	总署设定目标 2020年	总署设定目标 2025年	属性	合肥海关落实举措
1	海关税收预算目标完成率(%)	≥100	≥100	约束性	1. 落实综合治税工作,按照总署税收预算目标,完成税收目标任务,争取实现"税收工作完成和贡献度"取得较高得分。 2. 结合绩效考核指标中的欠税指标开展定期业务监控,避免出现欠税情况,保证欠税率为0。
2	"一带一路"海关国际合作机制(个)	53	>90	预期性	1. 推行关区"物流一体化"模式,实现合肥中欧班列进出口货物在关区内各监管作业场所、特殊监管区域、保税监管场所之间互联互通、快速流转。 2. 发挥好亳州中药材评议研究基地作用,深化"一带一路"相关国家市场准入专项研究与应对。
3	与境外"单一窗口"互联互通国家(地区)数量(个)	1	15	预期性	按照总署要求做好分派的专项工作。
4	海关规章立法后评估比例(%)	—	100	约束性	重点开展规范性文件合法性审查。更新推进合肥海关和隶属海关两级"权责清单"。借鉴总署立法后评估试点工作经验,开展制度建设后续评估,实现以考促效。
5	货物人工分析查获率(%)	12	16	约束性	2021年货运渠道人工分析布控查获率达12%以上。以后每年人工分析布控查获率较上年增加一个百分点。

续表1

序号	指标	总署设定目标 2020年	总署设定目标 2025年	属性	合肥海关落实举措
6	进口食品监督抽检合格率（%）	98	>99	预期性	严格执行进出口食品安全监督抽检和风险监测计划，按布控要求实施抽检任务，100%报送抽检信息和不合格信息。
7	国际卫生港口岸创建数量	—	35	预期性	铜陵、芜湖、安庆港通过总署口岸核心能力复核。
8	海关缉私部门移诉案件起诉率（%）	—	>98	约束性	按照总署要求做好相关工作。
9	进出口货物口岸放行时间（小时）	进口：41.8 出口：2.2	进口：≤40 出口：≤2	预期性	进出口整体通关时间较2017年均压缩70%以上。
10	AEO互认国家（地区）数量（个）	42	≥60	预期性	按照总署要求做好分派的专项工作。
11	口岸海关动植物检疫标准化建设覆盖率（%）	75	100	约束性	构建动植物疫情和外来入侵物种监测体系，成立合肥海关境外动植物疫情信息收集监测小组，加强信息搜集、整理与报送。完善风险监测预警制度。
12	实验室法检项目自检率（%）	97	≥98	预期性	1. 进一步做大做强技术中心主体，强化食品安全检测领域技术能力领先的地位，同时努力补齐能力短板，在动植物检疫、工业消费品领域加强能力提升。 2. 补齐执法保障能力短板，着力在进出口商品归类鉴定、部分有机高分子材料固体废物检测鉴定、环境检测等方面努力寻求突破。
13	海关业务信息化应用覆盖率（%）	—	100	约束性	1. 完成监管设备的联网、监管应用子系统的部署、系统升级更新。 2. 结合关区口岸监管工作实际，科学谋划监管装备配备应用需求，向总署申请非侵入式和智能监管设备。完善开放口岸大型监管设备配备，推动手持式监管设备联网。
14	党建示范品牌数量（个）	100	200	预期性	1. 持续开展"四强"党支部和党建品牌创建，以更高标准抓党建、更严要求培树，量质并举扩大先进支部。 2. 开展"四强"党支部回头看，建立结对帮扶机制，将帮助后进支部工作成效作为对"四强"党支部和党建品牌复核的重要内容。

续表2

序号	指标	总署设定目标 2020年	总署设定目标 2025年	属性	合肥海关落实举措
15	海关评定的专家型人才规模（人）	300	≥10,000	预期性	1. 着力培养引进高层次人才，实施海关专家人才培养工程。 2. 建立专家人才库，实现专业领域"全覆盖"、专家队伍"梯队化"、专家管理"网格化"。 3. 实施特色智库人才开发工程，培养储备各类智库人才。 4. 实施科技领军人才提升工程，培养引进博士后人员。

《实施方案》重点工作任务模块由6个部分组成，每个部分根据《"十四五"海关发展规划》要求由总体任务牵引，在总体任务下划分多项具体任务，每项具体任务对应相应的落实举措。

第一部分，坚决维护国家安全，主要围绕落实国家总体安全观，强化口岸安全监管工作展开。总体任务共计8项：加强进出境环节实货监管、确保税收安全、维护口岸公共卫生安全、严格进出境动植物检疫监管和外来入侵物种口岸防控、强化进出口食品安全监管、保障进出口商品质量安全、强化风险整体管控、严厉打击走私违法行为，细分8项目标任务。

第二部分，服务国内国际双循环相互促进，主要围绕服务"一带一路"高质量发展，提升通关便利化水平等工作展开。总体任务共计11项：推动共建"一带一路"高质量发展、推动产业链供应链优化升级、推动外贸创新发展、促进内外贸一体化、支持区域协调发展、促进跨境贸易便利化、加快口岸现代化建设、深化对外合作伙伴关系、积极参与国际规则制定、推进自由贸易协定谈判和落地见效、深化与港澳台地区海关检验检疫交流合作，细分22项目标任务。

第三部分，持续深化海关改革，主要围绕海关业务工作领域重点改革工作提出相应具体任务。总体任务共计7项：深化"放管服"改革、深化通关一体化改革、创新事中事后监管、推动自由贸易试验区和特殊监管区域发展、全面提升服务决策能力、推动完善海关技术规范和业务规范体系、促进深化财务管理改革，细分8项目标任务。

第四部分，全面推进法治海关建设，主要围绕法律制度体系、规范执法、法制保障、法治环境等方面进行分开阐述。总体任务共计4项：推动完善海关法律制度体系、严格规范公正文明执法、强化法制保障作用、营造良好法治环境，细分9项目标任务。

第五部分，全面提升科技创新应用水平，主要围绕建设智慧海关，夯实海关科技创新基础，提升海关整体智治水平展开。总体任务共计6项：强化国门安全科技保障、增强海关信息化支撑能力、深化海关大数据应用、加强海关实验室整体规划和协同建设、强化口岸监管装备研发与应用、推进"智慧海关、智能边境、智享联通"合作，细分11项目标任务。

第六部分，持续推进准军事化海关纪律部队建设，主要围绕加强政治机关建设，坚定走好"两个维护"第一方阵，深化全面从严治党等工作展开。总体任务共计7项：加强党的建设、加强领导班子建设、加强人才队伍建设、加强干部教育培训、加强海关文化建设、加强党风廉政建设、加强后勤保障建设，细分26项目标任务。

四、实施原则

坚持以政治建设为统领，坚持以人民为中心的发展思想，坚持贯彻新发展理念，坚持系统观念。重点遵循以下原则：

（一）坚持深化改革与服务开放整体成势。

持续推进海关业务工作领域重点改革任务，加快推进法治海关建设，着力提升科技创新能力，提高监管效能。坚持以深化关键领域改革，服务构建以国内大循环为主体、国内国际双循环相互促进的新发展格局，确保"十四五"时期社会主义现代化海关建设的顶层设计在关区落地。

（二）坚持推进发展与维护安全相互统一。

践行以人民为中心的发展理念，充分发挥海关在稳外贸、促安全、惠民生的促进作用，严格落实对外开放安全防控"第一线"职责，有效防范化解重大风险，着力解决外贸领域存在的突出矛盾和问题，大力优化海关服务，采取有力措施，巩固外贸传统优势，培育竞争新优势。

（三）坚持目标导向与问题导向协同推进。

围绕贯彻新发展理念，构建新发展格局，找准服务国家区域发展战略、推进"一带一路"高质量发展、提升通关便利化水平等工作中存在的堵点和痛点，结合省情、关情，着力补短板、强弱项，推动海关事业开辟新格局、谋划新篇章。

（四）坚持突出重点与彰显特色有机结合。

立足服务国家发展大局和安徽省高水平开放，聚焦长三角一体化、长江经济带、中部地区崛起等国家发展战略，集中力量在全局性、关键性领域开展攻坚，力争突破。因地制宜打造具有合肥海关鲜明特色的监管模式，大力优化口岸营商环境，全力促进外贸稳中提质，为服务安徽"三地一区"建设赋能增效。

（五）坚持分步实施与统筹推进共同驱动。

准确把握"十四五"时期海关事业发展的特点和重点，把工作重心由顶层设计转向顶层设计与具体落实并重，明确阶段性任务，凝心聚力，多点发力，分步实施，统筹推进，务求实效。

五、保障措施

（一）加强统一领导，提升思想认识。

《实施方案》是"十四五"时期我关贯彻落实总署规划任务的基本遵循和行动指南。落实好《实施方案》，对全面提升海关制度创新和治理能力建设水平，优化海关监管体制机制，推进合肥海关各项事业迈向新发展，具有十分重要意义。关党委加强对《实施方案》实施的统一领导，各部门、各单位各司其职、各负其责，建立健全规划实施工作机制，完善相关配套举措。

（二）深入贯彻宣传，营造积极氛围。

各单位、各部门要重视对规划的学习宣贯工作，要将《"十四五"海关发展规划》纳入各级党委领导班子中心组学习计划。要按照《〈"十四五"海关发展规划〉宣传贯彻工作方案》（署统发〔2021〕58号）文件精神，多形式、全方位宣传规划实施的重要进展和取得的成效，为规划的贯彻实施营造良好的氛围。

（三）注重统筹安排，抓好组织实施。

各单位、各部门要增强责任意识，以"马上就办、真抓实干"优良作风，凝聚"四干"之力，抓好责任落实。要加强协作配合，强化部门之间的协同、上下之间的联动，对于涉及多个部门的工作任务，牵头部门要切实负起责任，其他部门要积极支持、密切配合、通力协作，统筹推进《实施方案》明确的各项改革部署在规定时间内落实落地。

（四）加强考核督导，持续跟踪问效。

要把《实施方案》贯彻落实情况纳入重点工作督办和年度量化考核内容，加强跟踪问效，各部门、各单位对涉及本条线工作任务分工负责，着力推动工作落实。《实施方案》所涉重点工作任务，要按照工作进度适时列入巡察、督查工作范围，以强有力的政治监督保障《实施方案》顺利落实推进。

海关总署　安徽省人民政府合作备忘录

为深入学习贯彻习近平新时代中国特色社会主义思想，认真贯彻党的十九届五中全会精神，坚决落实习近平总书记关于海关工作和安徽经济社会发展的重要指示批示精神，坚持改革开放、坚持高质量发展，紧紧抓住长江经济带建设、中部地区崛起和长三角一体化发展等重大战略机遇，进一步深化海关总署与安徽省人民政府的协同合作，推动建设新时代中国特色社会主义新海关，促进安徽在构建新发展格局中实现更大作为，双方经充分协商，签署本合作备忘录。

一、海关总署支持安徽省经济社会发展的重点工作

（一）优化营商环境，促进跨境贸易便利化。

1. 深化落实《海关支持长三角区域一体化发展重点举措》（署办综函〔2019〕67号），统筹推进长三角直属海关一体协同。支持安徽省深化沿江港口与长三角各港口合作，支持将芜湖港打造成集装箱枢纽港。支持合肥新桥国际机场强化与上海浦东、虹桥等国际机场的战略合作，承接航空货物联程联运，畅通物流运输通道。

2. 推进"一带一路"沿线大通关合作，支持合肥中欧班列加大运行密度、扩大辐射面，尽快形成有影响力的枢纽站，支持合肥铁路场站和合肥陆港建设。

3. 深化全国通关一体化改革，巩固完善口岸通关、执法监管、关企合作、报关服务等机制。支持相关改革在合肥关区符合条件的口岸先行先试。

4. 认真落实减税降费政策措施。会同发展改革、财政、交通运输等相关部门，进一步推动规范和降低进出口环节费用。继续协调简化口岸验核相关监管证件，压减进出口环节单证数量。

5. 支持合肥新桥国际机场完善枢纽功能，推进合肥新桥国际机场海关监管作业场所全面升级，支持加密国际航线，推进国际航空货运集散中心建设，逐步实现7×24小时通关保障服务。支持合肥空港保税

物流中心（B型）与国际航空货运业务一体化联动发展，打造国际航空货运大通关体系。支持合肥空港经济示范区建设，加快临空产业发展。

6. 支持安徽省制定并实施"十四五"口岸发展规划，支持芜湖港、铜陵港、池州港等沿江口岸扩大开放；根据国家口岸管理规定和口岸发展五年规划准入标准和条件，支持池州九华山机场、阜阳机场在条件成熟时对外开放。

7. 支持安徽省在第一进境口岸申报建设肉类等指定监管场地。优化安庆整车进口口岸检验流程。支持现有指定监管场地扩大业务规模，打造辐射中部乃至全国的进口商品交易、集散和分拨中心。支持合肥新桥国际机场口岸整合现有指定监管场地和申建进境肉类指定监管场地。

8. 支持合肥、芜湖、安庆3市加快跨境电商综试区建设和发展，支持有条件的设区市申建跨境电商综试区、跨境电商零售进口试点城市，支持电商、物流企业建设使用海外仓。支持安徽省内企业通过跨境电商渠道扩大出口，允许条件成熟的综合保税区利用区内口岸作业区开展跨境电商9610出口业务，在条件成熟时启动B2B监管模式试点。

9. 支持安徽省内重大项目、重点工程、重点企业建设发展，在研发测试产品、关键原材料、制造装备等重要生产资料及矿产品的进口方面探索优化合格评定方式。

（二）推进口岸治理科学化、精细化、智能化。

10. 支持研发具有安徽特色产业的大数据应用项目，辅助政府精准科学决策，不断提升海关监管服务水平。指导安徽省建设跨境电商二级节点，实现与海关总署一级节点联通。

11. 建立完善智慧海关监管模式，依托合肥综合性国家科学中心的科研优势，支持合肥海关建立具有区域产业特色的信息化应用创新实验室，推进先进理念和技术在海关执法监管中的应用，提升通关效率。

12. 指导安徽省持续强化口岸公共卫生核心能力建设，健全口岸疾病预防控制、突发公共卫生事件应急管理、口岸卫生监督管理、国际旅行健康服务、口岸核生化反恐等口岸公共卫生体系。

13. 支持安徽省口岸动植物检疫能力提升，强化非洲猪瘟、高致病禽流感、松材线虫、沙漠蝗等重大动植物疫病疫情防控，防范动植物疫情疫病跨境传播，助力安徽生态文明建设。

14. 支持安徽省进出口商品质量安全风险预警和快速反应监管能力提升，支持安徽省设立体现产业特色的进出口商品质量安全风险监测点，增强安徽省进出口消费品质量安全风险验证评价能力。

15. 在海关监管装备、人力资源配置等方面加大对安徽省的支持力度，支持配备人脸识别等先进监管设备，加大智能审图系统的推广应用。

16. 指导推进安徽省反走私综合治理，保持打私高压态势。支持"智慧缉私"建设，督导联合专项行动，有效打击各类走私违法犯罪活动，维护进出口贸易秩序和良好营商环境。

（三）支持安徽自由贸易试验区建设和综合保税区提质发展，助力打造高层次开放平台。

17. 支持指导安徽自由贸易试验区建设。

18. 加快推动全国复制推广的自由贸易试验区各项改革创新措施在安徽省落地实施。进一步完善高端装备制造产品售后维修进出口管理，适当延长售后维修设备和备件返厂期限。对符合条件的入境维修复出口免于实施装运前检验。

19. 指导安徽省落实《国务院关于促进综合保税区高水平开放高质量发展的若干意见》（国发〔2019〕3号），推动安徽省综合保税区提质升级、做大做强。结合安徽省开放发展需要，在科学评估基础上，支持其他具备条件的设区市适时申建综合保税区。

（四）定制个性化监管服务方案，支持重点产业升级。

20. 支持安徽新型显示器件、集成电路产业重大项目进口设备按政策规定享受分期纳税。

21. 支持辖区重点集成电路企业按照"一企一策"开展信用培育，尽快符合《海关认证企业标准》，成为海关认证企业，享受相关通关便利化政策。支持符合条件的安徽省科创企业自主进行跨区域外发加工或深加工结转，推动产业链、创新链、价值链深度重构。

22. 大力推进安徽省内外贸企业管理信息化，鼓励企业参与海关ERP联网监管，对符合条件的联网高级认证企业实施"一键报关"、货物免担保放行等优惠措施。

23. 通过落实双边协议、加强技术性贸易措施，以及支持安徽省参与对重要产品国外技术性贸易措施的跟踪、研判和评议等方式，支持安徽省实施"走出去"战略，促进制造业产品和优势农产品等扩大出口。支持亳州中药材技术性贸易措施研究评议基地建设。

24. 支持安徽省在符合条件的市场集聚区开展市场采购贸易方式试点。

25. 促进境外优质动植物种质资源引进，支持安徽省进境种用动物隔离检疫场建设；在安徽省进境动植物检疫审批、检疫经费等方面给予更多支持。

26. 加强统计调查和进出口监测预警，及时有效并常态化提供安徽省外贸发展情况，为安徽省外贸高质量发展提供前瞻性、趋势性的统计分析支持。支持建立安徽省进出口监测服务系统，加大对外贸企业监测服务力度。

二、安徽省人民政府支持海关的重点工作

（一）提升口岸通关基础条件。

1. 按照"加大信息共享、强化指导督促、及时疏通堵点"的原则，统筹协调，形成联动，进一步压缩进出口货物整体通关时间，降低通关成本，优化跨境贸易营商环境。

2. 加强口岸基础设施建设，协调港口、机场及铁路等主管部门进一步推进海关监管作业场所（场地）优化整合和标准化改造。

3. 推动安徽民航机场集团加快旅客行李物品先期机检等智能化监管，加快全省相关快件、邮件场所建设标准化、规范化进程，提高口岸作业的智能化、自动化管理水平。

4. 加大海关监管作业场所（场地）、特殊监管区域的信息化建设投入，健全完善全省视频监控系统基础设施。提升安徽省跨境电商信息化水平，支持并加快建设安徽省跨境电商二级节点。整合各港口信息系统，加快建设安徽国际贸易物流通关大数据平台，融入数字江淮建设。

5. 支持合肥海关开展新冠肺炎疫情防控，履行外防输入职责，整合相关资源，统筹相关资金，对存在的疫情防控经费和物资不足给予支持。

6. 支持海关提升进出口消费品安全风险验证评价能力，争取条件成熟时申建消费品安全风险验证评价省级重点实验室。

（二）健全完善工作协调机制，增强发挥守护口岸安全合力。

7. 完善出入境人员传染病联防联控长效机制，积极协调解决出入境人员传染病监测后续监管问题。

8. 加强口岸区域环境卫生综合治理，统筹开展病媒生物控制；与海关总署在安徽合作共建医学媒介生物（蜱螨）国家重点实验室。

9. 强化非洲猪瘟等重大动植物疫情疫病联防联控，推动农业农村、林业、粮食、市场监管、商务等部门与海关建立健全长效协作机制，实现信息共享、联合防控。加强动植物及其产品无害化设施建设，督促口岸运营主体妥善做好海关进境截获物的无害化处理工作。

10. 支持合肥海关与安徽省市场监管、农业农村等部门建立紧密协作机制，深化食品安全监管协同联动；完善进出口商品质量安全风险预警和快速反应监管体系，推动安徽省内监管部门向海关共享进出口商品质量安全风险信息，提升安徽进出口商品质量安全风险评估和处置能力。充分发挥海关检验检测机构技术优势，探索通过政府购买服务等方式支持海关检验检测机构发展，推动检验检测资源互补、共享。

11. 推进海关与地方信用信息共享平

台间信用信息共享共用和协同监管，完善信用联合奖惩机制。结合开展企业信用管理、主动披露等改革政策宣传，倡导"诚信便利、失信惩戒"理念，推动"联合激励、联合惩戒"措施落地生效。

12. 建立健全省级口岸安全风险联合防控机制。支持合肥海关与省政府相关部门联合签署口岸安全风险联合防控协定，加强口岸风险信息情报交流共享，联合开展风险研判和处置，形成口岸风险协同防控工作合力。

（三）推动综合保税区升级发展，落实主体责任。

13. 进一步落实综合保税区建设的主体责任，统筹推进安徽省内综合保税区、保税监管场所高质量发展。科学统筹全省综合保税区、保税物流中心（B型）布局，支持海关监管设备设施升级改造和日常维护。

14. 牵头建立合作紧密、关系顺畅的工作机制，共同研究、共同推进自由贸易试验区制度创新和复制推广等相关工作。

（四）加强打击走私综合治理，构建反走私立体防线。

15. 落实地方政府反走私综合治理主体责任，构建打防管控一体化反走私立体防线。强化安徽省打私办的统筹协调作用，推进实体化运作，有效解决海关缉私执法过程中遇到的困难和问题，推动省内各市政府及其各部门支持、配合打私工作。协调相关部门落实安徽口岸查扣的疑难特殊进境货物、物品保管及后续处置工作。

16. 组织督导省内各市政府及其各部门会同海关严厉打击"洋垃圾"、野生动物及其产品、象牙等濒危物种及其制品走私，加大对涉枪涉爆涉毒以及农产品、重点涉税商品等走私的打击力度。

（五）支持合肥海关开展工作，为优化监管服务提供必要保障。

17. 根据合肥海关及其隶属海关监管执法需要，完善经费保障长效机制，继续支持海关协勤人员的使用，并结合经济社会发展水平，适时提高经费标准，为海关监管提供必要的执法辅助保障。在申建综合保税区时，积极向国务院及有关部门争取机构、人员编制支持。

18. 将驻皖各海关单位支持地方经济发展的成效、成果，纳入省、市党委政府对海关工作的评价体系，推动评价结果的落实使用。完善对驻皖各海关单位承担安徽省重点工程、重大项目、专项工作进行资金支持保障的相关制度。建立省、市对海关"5+2天"工作制给予资金支持的政策。

19. 支持合肥海关及其隶属海关参与地方精神文明创建、平安建设（综治工作）、双拥、工青妇等领域的评优评先工作。

20. 支持海关与地方干部双向交流。

21. 帮助解决合肥海关干部职工在当地工作生活中遇到的实际困难和问题。

三、建立健全署省合作工作机制

1. 海关总署与安徽省人民政府建立双方领导不定期会晤机制，研究推进合作事项，及时协调解决在工作中遇到的需要沟通解决或商请对方研究支持的具体事项。

2. 建立署省联络协调制度，海关总署、安徽省人民政府以及合肥海关分别指定一名司局级负责同志担任联络员，加强日常联系沟通，及时通报重要工作进展及有关信息。

海关总署　安徽省人民政府

2021 年 9 月 6 日

重要会议文件选辑

在 2021 年合肥海关工作会议上的讲话

合肥海关关长、党委书记　辛建民

（2021 年 2 月 4 日）

一、合肥海关 2020 年及"十三五"时期工作回顾

2020 年是极不平凡的一年。面对口岸疫情防控和外贸下行压力双重考验，关区上下增强"四个意识"，坚定"四个自信"，做到"两个维护"，坚持"马上就办、真抓实干，锲而不舍、一以贯之"，认真落实倪岳峰署长来我关调研指示要求，扎实推进"五关"建设，崇尚实干、强调快干、讲究会干、务求干好，交出一份沉甸甸的答卷。

（一）我们崇尚实干，全面加强政治建设，坚决做到"两个维护"。

——坚持学懂弄通做实，深入学习贯彻习近平新时代中国特色社会主义思想。落实"第一议题"制度，把学习贯彻习近平总书记重要指示批示精神作为党委会、形势分析及工作督查例会的单列第一议题，党委委员交流学习体会常态化。印发《合肥海关党委理论学习中心组学习实施办法》，以学习贯彻党的十九届四中、五中全会精神，《习近平谈治国理政（第三卷）》和习近平总书记在安徽考察重要讲话指示精神为重点，全年组织关党委中心组学习 21 次，党委委员带头辅导 29 人次。坚持把理论学习与工作调研相结合，党委委员深入基层调研 29 人次、赴扶贫点调研 13 人次，督办解决基层难题 38 件。各基层党组织坚持集体学习和党员个人自学相结合，丰富形式载体，推动理论学习入脑入心入行。

——坚持落地落细落实，一以贯之落实习近平总书记重要指示批示精神和党中央重大决策部署。坚持把一贯到底抓落实作为讲政治的实践标准。合力助推长三角

一体化发展。与长三角直属海关建立一体协同机制；认真落实《海关支持长三角一体化发展重点举措》，牵头完成优化加工贸易监管流程、风险信息共采共用等4项改革任务；以服务重点项目为切入点，积极探索与上海海关试点特殊货物检查作业一体化改革；"海关助推长三角区域一体化发展的定位和建议"专题研究成果丰硕。严厉打击"洋垃圾"、象牙等濒危动植物及其制品走私。扎实开展"蓝天""国门利剑""护卫"等专项行动，共查证走私"洋垃圾"8,800余吨；立案侦办走私珍贵动物制品案件3起。3起案件被总署列为一级挂牌督办案件，1起案件入选2020年全国海关固体废物查获典型案例。坚决打赢脱贫攻坚战。关区6个驻点帮扶村全部实现"村出列"，953户2,616人成功脱贫。定点扶贫工作成效考核在中央驻皖单位名列前茅。1名驻村扶贫干部被评为省直机关脱贫攻坚先进个人，1个家庭被评为省直机关脱贫攻坚型"最美家庭"。

——坚持走心走深走实，充分发挥政治建关对关区各项工作的统领作用。印发《合肥海关党委关于进一步深化政治建关的实施意见》，以政治效果检验政治能力。修订《中共合肥海关委员会工作规则》，进一步规范和改进合肥海关党委工作；制定关党委落实全面从严治党主体责任清单，压紧压实意识形态工作责任制。坚持"雷厉风行解决当下问题、举一反三解决同类问题、放眼长远解决根本问题"，盯紧抓实总署党委巡视反馈意见整改和"回头看"，97项立行立改措施、25项中期整改措施全部按期完成，3项长期整改措施"销号不销账"；制定巡视整改制度24个，做到解决一个问题、堵塞一个漏洞、形成一套机制。

（二）我们强调快干，统筹推进疫情防控和外贸稳增长，加快业务改革步伐。

——快速响应疫情防控，守住口岸疫情防线。面对突如其来的新冠肺炎疫情，关区上下以"等不起"的紧迫感、"慢不得"的危机感、"坐不住"的责任感，迅速投入口岸防控"第一道防线"。不断优化口岸检疫查验流程，注重联防联控，有效形成入境人员流和信息流的双闭环管理体系。全年检疫查验出入境交通工具1,611架（艘）次，其中临时出入境客运包机17架次；检疫出入境人员10.6万人次。派出15人工作队支援上海口岸疫情防控，获总署通报表扬。严格落实总署进口商品风险监测工作部署，扎实开展关区口岸环节进口冷链食品新冠病毒监测和预防性消毒工作，牵头起草安徽省进口冷链食品预防性全面消毒工作方案。加强出口防疫物资质量安全监管，立案查处涉及出口防疫物资行政违规案件5起，向地方公安机关移交线索2条，均已刑事立案。加强内部工作场所和人员安全防护，实现了"打胜仗、零感染"。

——快速落实"六稳""六保"，稳住外贸外资基本盘。疫情发生以后，迅速制定实施《合肥海关防疫情保民生稳外贸举措》，并将"应时之需"化为"常态之举"，出台《合肥海关助力"双稳"行动计划》。一是保主体。为集成电路和液晶面板制造等重点项目办理分期纳税担保13.7亿元，为科研、制造业单位减免税10.1亿元，为企业办理对美加征关税一般性排除措施退税1.2亿元。落实内销选择性征税、简化加贸核销手续等政策。积极开展"互联网+稽核查"，减少到企业实地稽核查频次。举办"聚力双稳、送策惠企"政策巡回宣讲会，培训企业500余家；联合省委统战部、省工商联召开民营企业家座谈会，现场回应企业诉求，做好精准服务。二是强平台。《合肥海关关于申创安徽自贸试验区的调研报告》获得安徽省委李锦斌书记批示肯定。安徽自贸试验区揭牌运行后，我们第一时间出台海关监管服务改革方案。制定《合肥海关支持综合保税区发展细化措施》，安庆综合保税区顺利获批，合肥经济技术开发区综合保税区、铜陵（皖中南）B保通过验收。关区首家进境种猪、观赏鱼等隔离检疫场（圃）通过验收，合肥新桥机场进境肉类指定监管场地获批建设，安庆汽车整车进口口岸开展首批汽车进口业务。三是畅通道。出台《合肥海关支持中欧班列发展细化措施》，全年合肥中欧班列开行568列，发运4.6万标箱，货值128.8亿元，同比分别增长35.2%、35.2%、27.2%。积极支持跨境电商发展，监管跨境一般出口、网购保税进口商品单数分别增长144.5倍和98.3%。积极支持安徽蚌埠中恒商贸城开展市场采购贸易试点，顺利实现出口试单。四是优环境。落实"不见面查验"方式和集装箱"船边直提"等改革，便利企业通关。加强AEO认证政策宣传辅导，积极培育诚信企业。不断优化统计分析和监测预警工作机制，针对离子注入机等4项重点产品开展专项调研，做好统计数据质量管控和技贸措施咨询服务。与省商务厅、省港航集团建立联席会议机制，积极压缩整体通关时间。2020年12月，关区进、出口整体通关时间分别为47小时、3.1小时，较2017年同期压缩77.6%和64%。2020年，安徽省实现进出口5,406.4亿元，同比增长14.1%，增速排名全国第6位，外贸规模再创新高。

——快速推进业务改革，实现海关工作赋能增效。"两步申报"应用率达67.9%。"两段准入"试点有序推进。大力推广新一代电子支付、关税保证保险、汇总征税等改革措施，全年关区税收入库210.4亿元，完成年度预定目标。优化出口原产地证书审签，签发原产地证书11.5万份，签证金额63.3亿美元。"海关ERP联网监管"项目通过总署数据真实性评估，跨"关"入"区"、融"核"上"云"、统筹纳管工作取得成效，目前在线企业61家。积极开展企业集团保税等改革试点，引导企业主动披露，全年办理主动披露36起。事业单位改革稳步推进，市场开拓迈出新步伐。技术中心实现业务收入2,132万元，同比增长6.6%；保健中心在保障疫情防控基础上助力复工复产，完成企业人员职业健康体检1.1万人次，同比增长8.3%；后勤管理中心精细化服务和增收节支水平进一步提升，相关经营实体实现创收523万元，同比增长12.2%；数据分中心自主经营性收入346.1万元，实现多年来"零"的突破。

（三）我们讲究会干，科学精准施策，不断提升制度创新和治理能力建设水平。

——树牢系统观念，合力守卫国门安全。我们坚持站在全局思考局部、站在对方思考自己、站在未来思考当下、站在当下思考过往，统筹落实总体国家安全观。强化口岸应急处置，开展新冠肺炎疫情境外输入、非洲猪瘟疫情境外输入、实验室病原微生物样本泄露、口岸核辐射等突发事件应急演练，"航空器检疫中突发危重病人"专题演练在全国海关展播。加强口岸病媒生物监测，捕获病媒生物2.4万只，安徽口岸首次监测到东突厥蚕蠓。加强重大动植物疫情防控，截获外来有害生物69批次、363种次。严格开展进出口食品化妆品监督抽检和风险监测，检出不合格进口食品3,947.3吨，在出口小龙虾中检出白斑综合症病毒核酸阳性5次。严密监管重点敏感商品，累计检出不合格机电产品108起，截获存在安全风险隐患的进出口危险货物544批次。查获退运固体废物2批次。扎实开展知识产权保护"龙腾行动2020"，1起案件入选年度中国海关知识产权保护典型案例。推进实施行政执法"三项制度"，建立以岗位为基本单元的管理机制，完成326项内部管理制度"立改废"，建立公职律师专责联系隶属海关行政处罚工作制度，执法效能进一步提升。

——强化导向引领，扎实推进干部培养、评价和激励工作。我们坚持"目标就是责任、落实体现诚信、绩效反映能力、勤廉关系成败"，牢固树立成绩单导向。加强执法一线科长队伍建设，从培训、交流、评优、表彰、提拔任用等多方面予以倾斜，全年对执法一线科长开展培训83人次、晋升职级32人次，新提拔执法一线科长8人次，启动选拔3名执法一线科长担任隶属海关党委委员。做好抗疫一线关员的心理咨询辅导、家属慰问等工作，及时足额发放临时性工作补贴，表彰抗疫先进集体5个、先进个人54人。多举措加强干部个人有关事项报告工作，不如实申报率降至2.4%，降低1.1个百分点。稳步推进晋升职级工作，最大限度向抗疫一线、基层一线倾斜，充分发挥职级晋升的激励效应。截至目前，关区晋升职级451人次，占关区公务员总数的52.4%。关注干部职工切身利益，多方运筹，担当作为，落实"同城同待遇"，干部职工获得感明显增强。

——激发内驱动能，深化拓展基层党建和文化建设。我们实施"全随机"工作法，台上台下同频共振、机关基层聚力同心，激发了党员学思践悟内生动力，努力实现全员参与、全员互动、全员提升，让每个党员成为热点、每个支部成为热源，得到倪岳峰署长的充分肯定。推进"强基提质工程"，组织争创"四强"党支部交流展示，形成"一支部一品牌、一品牌一特色"，推动党建与业务融合共进。收集凝炼安徽红色文化、廉政文化等元素，精心打造"三屏一廊"宣传阵地，开设"江淮合韵"讲堂，为党员干部搭建分享交流的平台、风采展示的舞台、技能比拼的擂台。大力倡导"我是党员我来讲，我是党员我来干，我是党员我争先"，党员先锋模范作用越来越强。热心细心为离退休干部服务，"两项"待遇精准落实，老干部"与党同心、与关同行"的正能量充分发挥。

——坚持一体推进，涵养培树纪律作风。我们坚持党中央重大决策部署到哪里，监督检查就跟进到哪里，围绕重大决策部署落实情况开展10次专项监督。坚持"上下一条心、责任一张网、协同一盘棋"，积极推动纪律监督、巡察监督、派驻监督、干部监督、审计监督等形成合力。配合总署完成10个业务执法领域远程联网审计和7个专项审计，开展关区经济责任审计2项。利用"新海廉"平台处置异常数据2,282条。落实垂直管理单位纪检监察体制改革部署，与地方纪委监委建立监督执纪监察工作协作配合机制，制定关于加强党委派驻纪检组工作的意见和管理实施细则。对6个隶属海关领导班子开展常规巡察及选人用人情况监督检查，对4个隶属海关开展专项巡察。开展"灯下黑"问题等5个专项整治，严格落实规范领导干部配偶、子女及其配偶从业有关要求。全年共受理问题线索18件，党内严重警告处分1人，党内警告处分1人，党内警告、记过处分1人，诫勉问责1人，用纪律规范行为，用纪律约束权力，用纪律保护干部，纪律的严肃性和权威性得到强化。

（四）我们务求干好，突出成绩单导向，推动关区工作高质量发展。

——业务指标增长强劲，业务数据节节攀升。一年来，共监管进出口货物总值2,725.2亿元，同比增长18%；进出口集装箱量48.4万箱，同比增长10.2%。关区注册企业近3万家，同比增长16.2%。查获涉嫌侵犯知识产权商品3,388批，同比增长10倍。关区货运渠道人工分析布控查获率14.9%，提升7.1个百分点，高出全国平均2.6个百分点。刑事立案14起，案值2,301万元，涉税285万元；行政立案161起，案值5.4亿元，涉税1,560万元，罚没入库4,088万元，立案数、案值、罚没入库等创历史新高；刑事、行政执法质量考评名次进位明显。

——科技应用不断深入，科研工作成果丰硕。结合"新一代"智慧海关总体建设要求和实战需要，部署应用物流链可视化、业务运行监控指挥平台等系统，实现监管场所（场地）监控画面的批量推送、全景展示。完成H986、CT等重点设备及音视频执法记录仪联网，推动智能审图落地应用。探索运用网络爬虫技术，提高进出口商品质量安全风险信息采集效率。政务办公管理信息系统和移动智能管理系统上线运行，提高了行政办公、业务管理和后勤服务效率。技术中心2项科研项目分获安徽省科技进步二、三等奖，与上海海关联合申报项目获上海市科技进步二等奖。保健中心出版专著2本，获批实用新型专利2项，主持和参与起草海关技术规范3项。学会工作取得新进步，在上海分会获奖篇数同比增长66.7%。

——综合管理更加规范，协调保障尽心到位。我关被评为年度安徽省档案系统先进集体，连续5年在安徽省机要保密考核中获"双优"称号。加大对重要敏感信息的深度挖掘，11篇宣传报道在中央级媒体刊登，创历史新高。"皖风和韵"微信公众号年度积分排总署"金钥匙"第6名。持续强化督查督办，全年督办事项办结率达98%。继续压缩会议、精简文件，进一步规范公务接待，切实为基层减负。综合理财保障有力，资产整合优化利用，"三公"经费压缩55.29%，年度财政预算执行率和上年结转资金执行率双双实现100%。

——典型培树成效明显，队伍风貌焕然一新。抗疫斗争中，刘川同志荣获"全国抗击新冠肺炎疫情先进个人"；新桥机场海关、李德好等5人分别荣获全国海关系统抗击疫情先进集体、先进个人；保健中心等3个集体、汪昱等3人分别荣获安徽省抗击新冠肺炎疫情先进集体、先进个人。支部建设方面，企管处党支部等2个支部荣获"全国海关基层党建示范品牌"，芜湖海关第三党支部等3个支部荣获"全国海关基层党建培育品牌"；1个支部入选安徽省基层党建工作"领航"计划。文明创建方面，安庆、黄山和池州海关新获评"全国文明单位"，总关机关和蚌埠海关通过"全国文明单位"复审；保健中心入选"全国三八红旗集体"公示名单。缪传真家庭荣获"全国五好家庭"。技术中心荣获"安徽省劳动竞赛先进集体"。我关连续9年被安徽省直机关工委评为效能建设考核先进单位。1人荣获第八届安徽省直机关"十大女杰"。1人荣获"安徽省青年岗位能手"。此外，在全国海关系统岗位练兵技能比武中，我关也涌现了一批"榜上有名"的业务能手。这些先进典型带动了关区上下担当作为、比学赶超的良好氛围，也向社会各界展示了合肥海关人的昂扬风貌。

每一项成绩都来之不易，令人振奋；每一位奋斗者都了不起，必须点赞！在此，我代表总关党委，向合肥海关全体干部职工和离退休老同志，向关区各单位、各部门，表示衷心的感谢，致以崇高的敬意！

同志们，2020年是"十三五"收官之

年。"十三五"这五年，是合肥海关全体干部职工忠诚担当、团结奋进、接续发力、卓有成效的五年。

——五年来，政治建关的统领作用更加强化。我们坚持把深入学习习近平新时代中国特色社会主义思想作为政治必修课、党性必修课，把贯彻落实习近平总书记重要指示批示精神作为重大政治任务，认真贯彻落实党中央重大决策部署。在"一带一路"、长江经济带、长三角一体化、优化营商环境、打击"洋垃圾"和象牙等濒危动植物及其制品走私、精准脱贫等工作中，主动作为、成效显著。高标准开展"两学一做"学习教育、"不忘初心、牢记使命"主题教育，增强"四个意识"、坚定"四个自信"、做到"两个维护"的政治自觉，在关区工作全领域鲜明体现。

——五年来，改革强关的发展道路更加宽广。从区域通关一体化到全国通关一体化，从关检合作"三个一"到关检队伍业务全面融合，从既要"改头换面"又要"脱胎换骨"，到做好机构改革"后半篇文章"，合肥海关发展的历程就是不断改革的进程。我们贯彻落实党中央关于供给侧结构性改革、"放管服"等改革部署，"双随机、一公开"有序实施，"两中心、三制度"落地见效，"海关改革2020"扎实推进。

——五年来，依法把关的前进步伐更加坚定。我们强化法治思维和法治观念，坚持将强化监管优化服务统一于依法把关的具体实践，主要业务指标较"十二五"大幅增长：监管货值1,555亿美元，增长85.7%；监管货运量1.4亿吨，增长48.4%；入库税收954亿元，增长66.6%；结关报关单177.5万票，增长98.7%；检疫出入境人员277.9万人次，增长41.7%；排查有症状者1,319人次，增长5.4倍；发现病例437人次，增长7.6倍。支持安徽打造内陆开放新高地，进境指定监管场地从2家增至9家，关区运行及获批的海关特殊监管区域（含B保）从4家增至10家，数量均居中西部地区前列，助推安徽自贸试验区获批运行。

——五年来，科技兴关的驱动作用更加凸显。坚持业务和科技相融合，"金关"二期、智慧海关建设扎实推进。新一代查验管理、邮递物品管理信息化、智能审图等一批新系统相继上线，监管作业场所、卡口建设和查验装备的智能化水平显著提高。率先探索"海关ERP联网监管"试点并实现跨关区联网作业。"互联网+政务"加快推进。科研项目成果丰硕，重点实验室建设取得新进展。

——五年来，从严治关的工作导向更加鲜明。关区两级党组改设党委，着力推进各级党组织"强基提质"。坚持内强素质外树形象，"政治坚定、业务精通、令行禁止、担当奉献"的准军事化海关纪律部队面貌一新。有序推进内控机制建设，综合运用巡视巡察与督察审计等手段，层层传导压实责任。抓住"关键少数"，精准用好监督执纪"四种形态",一体推进不敢腐、不能腐、不想腐,清廉海关建设取得扎实成效。

总结过去五年的工作,我们进一步加深了4点体会:

一是必须坚决做到"两个维护"。党政军民学,东西南北中,党是领导一切的。重大历史关头,重大考验面前,党中央的判断力、决策力、行动力具有决定性作用。坚决维护习近平总书记党中央的核心、全党的核心地位,坚决维护党中央权威和集中统一领导,是决胜全面建成小康社会、夺取全面建设社会主义现代化国家新胜利的根本保证。

二是必须统筹推进"五关"建设。政治建关、改革强关、依法把关、科技兴关、从严治关,充分体现了总署党委在新形势下对海关工作的深刻理解和宏观把握,既是海关贯彻落实习近平新时代中国特色社会主义思想的具体运用,又是海关系统推进制度创新、提升治理能力的方向指引。五个方面相辅相成、有机贯通,是海关事业又好又快发展的必然遵循。

三是必须坚持发扬"四干"精神。合肥海关有着务实求效、善作善成的优良传统。在继承发扬历届总关领导班子治关理念的基础上,本届党委提出"崇尚实干、强调快干、讲究会干、务求干好",关区上下同心同向,迎难而上,取得显著成效。实践证明,"四干"已经成为合肥海关贯彻落实"马上就办、真抓实干,锲而不舍、一以贯之"的鲜明诠释,成为"五关"建设的生动实践,成为全关区共同的精神风貌。

四是必须全面答好"三张答卷"。"时代是出卷人,我们是答卷人,人民是阅卷人",我们需要答好"政治卷""绩效卷"和"作风卷"。"政治卷"是必答题,答不好就会出现方向性错误;"绩效卷"是客观题,判分标准就是总署按照党中央要求下达的绩效考核指标;"作风卷"是主观题,不仅包括廉洁表现,还包括为民情怀、团队协作和奉献担当。无论是个人还是一个单位、部门,只有全面答好"三张答卷",才能得出完整、准确的成绩单。

与此同时,我们也要清醒地看到,关区工作还存在一些短板和不足:运用习近平新时代中国特色社会主义思想蕴含的世界观方法论,破解发展难题的能力还显不足;集成运用现场查验、风险分析、技术支撑和打击走私等各种手段,提升实际监管整体效能方面,还缺少有效办法;党建和业务融合共促的力度和实效还有差距;推进干部年轻化速度不够快、力度不够大;部分干部职工岗位技能亟待提升;个别干部"推绕拖""懒散浮"的现象依然存在;贯通融合各种监督的工作机制和实际效果有待加强,派驻监督作用发挥不足,基层廉政风险隐患仍然比较突出。这些问题,必须切实采取措施加以解决。

二、准确把握合肥海关工作面临的新形势新任务

2021年是中国共产党成立100周年,是"十四五"开局之年,也是全面建设社会主义现代化国家新征程开启之年。党中央的新部署、总署党委的新要求、社会各界的新期盼,都要求我们必须提高政治站位,心怀"国之大者",结合工作实际,科学研判形势。

(一)不断提高"政治三力",走好"第一方阵",我们践行"两个维护"的责任更重大。

习近平总书记强调,讲政治必须提高政治判断力、政治领悟力、政治执行力。政治判断力要求我们明辨是非,明确方向;政治领悟力要求我们提高站位抓住重点,在思想上行动上与党中央保持高度一致;政治执行力要求我们知行合一看行动,不折不扣落实党中央决策,做到不掉队不走偏。海关作为政治机关,既要在"两个维护"上体现高度的理性认同、情感认同,又要有坚定的政治立场、明确的政治态度,讲政治见行动,坚决落实习近平总书记重要指示批示精神和党中央决策部署,做到维护意识牢、维护能力强、维护行动实。

(二)准确把握新发展阶段,紧盯目标要求,我们肩负海关事业发展的使命更艰巨。

立足新发展阶段,面对十九届五中全会勾画出的"立足五年,着眼百年"宏伟蓝图,我们要洞察"时"与"势",融通"制"与"治",把握"变"与"守",把合肥海关近期、中长期发展目标有机衔接起来,增强发展的系统性、协调性、一致性。着眼近期目标,我们要再接再厉、开拓新局,高质量完成口岸疫情防控、稳外贸稳外资等各项重点工作任务,在更多考核领域争当领先者、抢占制高点,奋力实现直道冲刺、弯道超车。着眼中长期目标,我们要坚持深化改革冲在前,严密监管敢亮剑,优化服务创高地,直面问题勇担当,不断健全工作机制,确保社会主义现代化海关建设的顶层设计在关区落地。

(三)深入贯彻新发展理念,守牢安全底线,我们提升开放监管能力的要求更迫切。

习近平总书记强调,必须完整、准确、全面贯彻新发展理念,加强前瞻性思考、全局性谋划、战略性布局、整体性推进。要统筹发展与安全,善于预见和预判各种风险挑战。当前,传统和非传统安全威胁在国门内外交织叠加,把好国门的压力和挑战前所未有。我们要准确识变、科学应变、主动求变,坚持用全面、辩证、长远的眼光看待发展,既要抓住机遇、乘势而上,又要应对挑战、趋利避害,既要有防范风险的先手,也要有化解挑战的高招。要始终坚持总体国家安全观,把守牢安全底线落实到口岸监管、安全生产等各领域各环节,把经过实践检验的联防联

控、内外协同、关际合作等经验做法转化为常态机制。

（四）加快构建新发展格局，服务开放发展，我们助力美好安徽建设的舞台更广阔。

"十三五"时期，习近平总书记两次在安徽考察，对安徽"打造内陆开放新高地"和"加快融入长三角一体化发展"等工作作出重要指示，厚望如山，催人奋进。我们要准确把握海关在加快构建以国内大循环为主体、国内国际双循环相互促进的新发展格局中的方位，在"管得住、放得开、效率高、成本低"上主动作为。紧扣"一体化""高质量"两个关键词，加强区域合作，发挥比较优势，推动长三角一体化发展。助推安徽自贸试验区等开放平台建设，支持"铜墙铁壁"等传统产业转型升级，促进"芯屏器合""集终生智"等战略性新兴产业蓬勃发展，为安徽强化"两个坚持"、实现"两个更大"贡献海关力量。

三、坚持"马上就办、真抓实干、锲而不舍、一以贯之"，全力做好 2021 年工作

经总关党委研究，2021 年合肥海关总体工作思路是：以习近平新时代中国特色社会主义思想为指导，深入贯彻党的十九大和十九届二中、三中、四中、五中全会精神，认真落实中央经济工作会议部署，全面加强党的领导，增强"四个意识"、坚定"四个自信"、做到"两个维护"，坚持稳中求进工作总基调，立足新发展阶段，贯彻新发展理念，构建新发展格局，落实"六稳""六保"部署，更好统筹发展和安全，按照总署党委决策部署，强化监管优化服务，巩固拓展口岸疫情防控和促进外贸稳增长成效，持续推进政治建关、改革强关、依法把关、科技兴关、从严治关，发扬"四干"精神，着力提升海关制度创新和治理能力建设水平，奋力开启合肥海关"十四五"工作新征程，以优异成绩庆祝建党 100 周年。

重点做好以下工作：

（一）树牢政治机关意识，迈稳走好"两个维护"第一方阵新步伐。

深入学习贯彻习近平新时代中国特色社会主义思想，增强"四个意识"、坚定"四个自信"、做到"两个维护"。坚持把学习贯彻习近平总书记重要指示批示精神作为关区各级党委会、工作例会、基层党组织学习会的单列第一议题，把贯彻落实习近平总书记重要指示批示精神作为第一责任，把学习贯彻落实的成效作为检验评判工作的第一尺度、第一标准。深入学习贯彻党的十九届五中全会精神，抓好处级以上干部全员轮训。建立学习、传达、督促、落实、评估、整改的闭环链条，完善上下贯通、执行有力的抓落实工作机制，切实将"两个维护"铸入内心、融入言行，确保党中央重大决策部署在关区落细落地、落实到位。

一贯到底扎实推进政治机关建设。组

织开展庆祝中国共产党成立100周年系列活动，丰富内容形式，引导党员干部加强党性锻炼、提升党性修养、坚定理想信念。持续抓好政治机关意识教育，加强对意识形态工作的领导。继续完善"全随机"工作法，通过台上台下同步、线上线下融合、个人自学与专题研讨并重等形式，打造主题突出、丰富多样的学习载体，提升学习质量，强化党员意识。用好"江淮合韵"讲堂、微信公众号、视频展播系统等平台，全方位展示政治机关建设成果。对标"四个融入"要求，巩固深化巡视整改成果。以常规巡察和专项巡察等形式，经常性开展"政治体检"，建立巡察发现问题数据库，抓好巡察整改，推进巡察全覆盖。总结定点扶贫工作经验，促进乡村振兴。

（二）落实总体国家安全观，织密筑牢守卫国门安全新屏障。

持续强化口岸疫情防控。弘扬伟大抗疫精神，慎终如始抓好口岸疫情防控，完善常态化口岸疫情防控机制。加强风险监测和重点布控，从严做好入境人员、进境交通工具检疫，严格落实出境检疫措施。严格执行进口冷链食品和高风险非冷链集装箱货物疫情防控工作要求，科学规范实施采样监测，严格监督落实预防性消毒措施。扎实做好内部安全防护，继续保持"打胜仗、零感染"。巩固提高口岸公共卫生核心能力，分阶段分层次开展全省口岸公共卫生核心能力建设督查，持续提升国际旅行健康服务水平和传染病检测能力。严防埃博拉、拉沙热、鼠疫等重大传染病传入，坚决防止疫情叠加。加强国门生物安全监测预警，推进落实农产品检疫分类管理，强化外来入侵物种、出境食用农产品和饲料安全等口岸防控措施，持续严防非洲猪瘟、高致病性禽流感、沙漠蝗等疫情疫病传入传出，切实维护国门生物安全。

扎实提升海关监管效能。加大"洋垃圾"、象牙等濒危动植物及其制品等重点领域风险防控力度，积极开展以供应链为单元的风险防控，深化口岸安全风险联合研判和协同处置，提升风险整体防控、精准防控水平。加强税政调研和税收监控分析，强化归类审价，落实税收征管作业制度；持续推广关税保证保险、汇总征税、自报自缴等措施，落实关税调整、减税降费等国家税收政策；强化非贸税收征管，落实长三角区域一体化属地纳税人管理工作，建立税源企业底账和特殊关系、特许权使用费价格台账，提升税收征管效能，确保完成税收预期目标。落实"四个最严"要求，加强进出口食品化妆品监督抽检和风险监测，持续推进进口食品"国门守护"行动。发挥进出口商品质量安全风险预警和快速反应监管体系作用，严把进出口危险化学品等重点敏感商品检验关；持续优化商品检验工作机制，推进实施第三方检验结果采信。加强口岸监管，严格进出口贸易禁限管控，加强口岸环节反恐维稳，持续推进安全生产专项整治三年行动；继续推进行李物品、免税品、邮递物品监管智能化规范化建设，完善旅检"无感通关"模式；规范监管作业场所运行管理，完善关区口岸运行监控指挥体系。加强数据安全管理体系建设，守好数据安全底线。强化企业信用培育和守法规范性培育，提升关区认证企业数量，完善进出口环节信用体系建设，推进属地查检业务改革。加强后续监管，推广"互联网+稽核查"监管，开展涉税、涉检等重点领域专项稽核查。扩大主动披露适用范围到检验检疫领域。优化海关特殊监管区域保税监管，加强保税监管场所管理。进一步加大知识产权海关保护力度，维护"中国制造"形象。

继续保持打私高压态势。坚决落实海关缉私管理体制调整决策部署，深入实施加强打击走私工作"1+6"项制度，推进全员打私，强化专业打击，构建防控、监管、打击一体化的海关打私体系。全力做好缉私保障工作，大力提升"智慧缉私"建设水平。认真开展"国门利剑2021"专项行动，严厉打击"洋垃圾"、象牙等濒危动植物及其制品、涉枪涉毒、重点涉税商品等走私。不断深化反走私源头治理、综合治理，提升反走私效能。

（三）协同推进改革发展，实现外部履职和内部管理水平新提升。

深化业务改革，加快通关监管速度。高质量落实推进海关全业务领域一体化。巩固"中心—现场式"运行模式，强化职能管理，以"五项创新"为指引，优化监管资源配置，提高监管精准性、有效性。不断提高"两步申报"应用率，积极推进"两段准入"改革。扎实做好"海关ERP联网监管"项目的统筹纳管工作，全力推进该项目作为安徽自贸试验区自主创新措施。认真落实新一轮《海关支持长三角区域一体化发展重点举措》及任务分工，积极参与长三角海关货物监管、保税监管、执法服务、风险防控和打击走私"五个一体化"，共同推动长三角打造改革发展新高地。以特殊货物检查作业一体化试点为突破，积极推进沪皖港口"江海一港通"改革模式落地。支持中欧班列国际货运业务发展，研究推进铁路进出境货物快速通关模式在关区尽早实施。

优化综合管理，提升行政运转效能。编制两级海关权责清单，细化完善"三项制度"，增强法治的刚性约束。落实"谁执法谁普法"责任制，开展以案释法、"点单式"普法，加大普法宣传力度。发挥公职律师作用，加强行政复议应诉工作，强化法治人才培养，提升全员法治素养。设立综合业务处，加大业务综合协调以及重大改革事项协调落实力度。落实推进督察项目清单式管理，针对性开展非执法领域专项审计，加大督察审计整改力度，巩固内控机制建设成效。严格公文办理和审核把关，改进文风会风，发文、会议数量较2020年只减不增。提升督查督办实效，提高按时办结率和办理质量。规范值班值守和应急管理，提升预防和处置突发事件能力。统筹关区宣传资源，加强信息报送与新闻宣传质效，加大分析类信息报送力度。强化机要保密和档案管理，提升政务公开和信访工作满意度。严格执行公务接待制度，规范公务接待行为。严格落实"过紧日子"要求，把有限财力用在刀刃上，提升预算执行效能，推进闲置资产整合优化，规范政府采购、涉案财物管理，深化节约型机关建设和示范单位创建工作。加强后勤管理，提升服务质量和保障水平。

（四）积极主动抢抓机遇，为新阶段现代化美好安徽建设做出新贡献。

大力优化口岸营商环境。深化"放管服"改革，拓展"多证合一"改革范围，推进"双随机、一公开"向全执法领域拓展。积极服务署省合作备忘录签订，跟进落实相关工作。落实新一轮跨境贸易便利化专项行动部署，持续提升跨境贸易便利化水平。深化"单一窗口"建设，继续落实精简进出口环节监管证件和随附单证。加强联动、综合施策，持续压缩整体通关时间，降低进出口环节合规成本。对体现国家战略意图的重大科技项目、综合性国家科学中心和国家重点实验室建设，量身打造个性化监管服务方案，在核心元器件、材料和设备进口等方面予以全力保障。

全力促进外贸稳中提质。落实推广企业集团加工贸易监管模式，促进保税维修等业务发展，结合安徽实际，推动探索实施高端制造业全产业链保税模式。支持推进合肥、芜湖、安庆跨境电商综合试验区建设和蚌埠中恒商贸城市场采购贸易试点业务发展，支持合肥经济技术开发区加快国家进口贸易促进创新示范区建设，推动安徽新型贸易业态健康发展。支持安徽具有比较优势的优质农产品扩大出口，支持动植物物种资源和优良品种引进，扩大国内市场需要的战略性、短缺性农产品进口。支持出口产品转内销，落实落细"加工贸易内销集中征税""内销选择性征税"改革措施。加强宏观经济研究和外贸形势分析，围绕国家战略和安徽重点、特色产业，强化进出口监测预警，做好技贸措施评估监测，加大技贸咨询服务力度。支持安徽外贸企业把握 RCEP 实施、中欧 SPS 合作协议签订等机遇，加大对协定成员的市场开拓力度，推动外贸外资稳定发展。

助力建设高水平对外开放平台通道。加强安徽自贸试验区海关监管制度创新力度，推动安徽自贸试验区建设与海关特殊监管区域业务改革相衔接，培育打造具有合肥海关特色的自贸试验区监管创新制度品牌。继续跟进合肥空港综合保税区申建工作，推动安庆综合保税区按期验收、封关运行，促进综合保税区与开放口岸、指定监管场地等联动发展，发挥带动作用和叠加效应。支持加快合肥国际航空货运集散中心建设，指导合肥空港肉类进境指定监管场地建设。助推合肥中欧班列加大运行密度、扩大辐射面，指导创建中欧班列集结中心示范工程。支持安徽口岸参与长三角港口一体化运营，强化跨关区"水铁联运""水水中转"等多式联运业务协同监管，支持提升芜湖、马鞍山、安庆等江海联运枢纽功能，提升开放发展水平。

（五）向科技应用要生产力，推动科技支撑保障能力迈上新台阶。

加大科技创新应用力度。积极推动业务科技融合发展，有效整合科技资源，形成关区各单位、部门协同联动的工作格局，加强科研攻关和新技术转化，积极参与首次海关科技成果评定。按照总署统一部署，全面推广应用H2018新一代通关管理系统。持续推进监管作业场所规范化信息化建设，加大GPS轨迹、可视化监管等科技应用力度，提升智能审图、集中审像能力。依托合肥国家科学中心的优势，建设具有安徽特色的科技应用项目，推进人工智能、机器人、传感监测等技术在海关监管中的应用。运用网络信息自动采集技术，高质量推进进出口商品质量安全风险信息监测系统项目建设，打通"信息采集—风险验证—风险评估"的管理链条，提升管理效能。完善合肥海关移动应用支撑平台，覆盖差旅、食堂、会议等功能模块，提高智慧化管理水平。

提升技术支撑保障能力。优化关区实验室规划布局，加强医学媒介生物（蜱螨）等生物安全领域实验室建设；巩固食品安全领域实验室优势；做大做强化矿金实验室、茶叶实验室；探索推动纺织、工业品实验室转型发展。以归类化验实验室建设、固体废物鉴定、防疫物资检测能力提升为抓手，做到扬长补短。强化系统内合作以及与地方高校、科研机构、医疗机构的联合攻关，推动科研力量优化配置和资源共享。支持事业单位提高执法保障能力，积极参与市场竞争，不断发展壮大。

（六）深化全面从严治党，锻造"忠诚干净担当"队伍新形象。

坚持"强基提质"，全面提升党建工作质量。持续推动基层党建高质量发展，树先锋，创品牌，做好先进典型培育，持续推进"双争一创"，让"我是党员我来讲、我是党员我来干、我是党员我争先"的热情更高，氛围更浓。建立关区基层党组织书记任前谈话制度，压实基层党建主体责任和监督责任。强化分类指导，推进党建与业务深度融合，通过评选党员先锋、建立"四强"党支部示范点等，推动关区基层党建实现从"基本做到"到"做得更好"跨越。

坚持"严管厚爱"，着力加强干部队伍建设。深化干部工作"五大体系"建设，落实班子建设、人才发展、教育培训规划。发挥干部选拔任用"风向标"作用，选优配强领导班子，把最放心的干部放在最不放心的岗位上。健全执法一线科室、基层党支部联系点制度，加强对科级单元的工作督导。进一步加强执法一线科长队伍建设，完善综合素质识别评价机制，实施机关、基层科长双向跟班作业。大力培养选拔优秀年轻干部。推动海关与地方干部双向交流。以稽查集约化改革为突破口，加快推进关区业务条线集约化管理，建立"人才共享库"，优化统筹一线执法资源。加大复合型人才培养力度，建立"一人多资质"执法机制，挖掘人力资源潜能。统筹用好职级职数，深入推进公务员分类管理，优化专业技术岗位设置。全面落实海关专家制度和事业单位聘用制度，加大人才引进力度，落实事业单位薪酬制度改革。加强宣传提醒和政策咨询辅导，严格落实个人事项报告有关要求。开展机构改革"回头看"，优化关区机构、职能及人员配置。完善分级分类、设置合理、覆盖全面的关区客观指标考核体系，发挥考核指挥棒作用。开展"合关工匠"活动，鼓励结合本职岗位开展"小发明、小革新、小创意"。加强协勤人员管理，积极开展技能培训与表彰激励，鼓励岗位成才，提高为合肥海关建功立业的归属感、荣誉感。稳步实施"为民办实事工程"。进一步创新方法做好离退休老同志服务保障工作。

坚持"成风化人"，持续深化作风和文化建设。持之以恒落实中央八项规定及其实施细则精神，毫不松懈纠治"四风"，持续整治形式主义官僚主义顽疾，围绕"推绕拖""懒散浮"等现象，开展专项集中整治。进一步统筹抓好调查研究，不断改进政风作风，切实为基层减负。完善内务规范强化月等特色做法，灵活开展专项业务练兵比武。加强和改进思想政治工作，定期开展干部队伍思想动态分析。深入推进海关文化建设，高标准推动文明单位、青年文明号等创建工作，发挥好工会、团委、学会等群团组织作用，搭好文化平台、丰富文化活动，营造与准军事化管理相匹配、具有鲜明行业特色的文化氛围。

坚持"靶向纠治"，驰而不息推进党风廉政建设和反腐败斗争。认真学习贯彻十九届中央纪委五次全会精神，深入贯彻全面从严治党方针，做到态度不变、决心不减、尺度不松，把严的主基调长期坚持下去。突出政治监督、做深日常监督，建立党委落实全面从严治党主体责任检查考核机制，完善党建述职评议制度和履责提醒机制。充分发挥"新海廉"平台等网络手段的监督作用，避免问题屡查屡犯。深化"灯下黑"等问题整治。探索建立专项监督常态化区域协作机制，统筹用好关区纪检监察力量，推动各隶属海关单位与所在地市纪检监察部门加强合作。强化警示教育，巩固深化"制度+科技"运用，有效落实打私反腐"一案双查"工作机制，持续整治群众身边腐败和作风问题，加大对诬告陷害查处和失实检举控告澄清工作力度。强化执纪和监督贯通、执纪和执法贯通、执纪和警示贯通，精准运用监督执纪"四种形态"，不断提升监督执纪效果，一体推进不敢腐、不能腐、不想腐，将清廉海关建设推向深入，营造风清气正的良好政治生态。

在2021年合肥海关全面从严治党工作会议上的讲话

合肥海关党委书记、关长　辛建民

（2021年2月4日）

一、准确把握"严"的主基调，严管严治，2020年关区全面从严治党工作取得新成效

2020年是合肥海关攻坚克难、砥砺奋进的一年。我们认真贯彻落实新时代党的建设总要求，坚决扛起管党治党政治责任，持续强化正风肃纪，不断推进清廉海关建设，全面从严治党、从严治关取得新进展，为夺取疫情防控和促进外贸稳增长"双胜利"提供了坚强政治保障。

（一）坚持以政治建设为统领，"两个维护"更加坚定。

一年来，我们牢牢把握政治机关定位，将习近平新时代中国特色社会主义思想作为政治上的灵魂、思想上的旗帜、行动上的指南。充分发挥党委理论学习中心组示范引领作用，建立"集中研讨+及时跟进+学践专题"的学习机制，集中学习研讨21次，党委委员带头谈学习体会36次。多形式多渠道推进党的十九大和十九届二中、三中、四中、五中全会精神的学习宣传贯彻，不断增强思想自觉和行动自觉。用好形势分析及工作督查例会载体，以最坚决的态度、最迅速的行动、最有力的措施，落实习近平总书记重要指示批示精神和党中央重大决策部署，严厉打击"洋垃圾"、象牙等濒危动植物及其制品走私，有效推进常态化疫情防控、"六稳""六保"、脱贫攻坚等重大决策部署落实落地，以履职尽责的实际行动践行"两个维护"。围绕重大决策部署落实情况开展10次专项监督，制发督办单23项，坚决做到党中央重大决策部署到哪里，监督检查就跟进到哪里。

（二）坚持以制度建设为抓手，"两个责任"更加夯实。

一年来，我们把管党治党政治责任作

为职责所在、使命所在。牵住主体责任"牛鼻子"。关党委印发进一步深化政治建关的实施意见，细化4个方面14项具体举措；制定全面从严治党主体责任清单和推进清廉海关建设的实施方案；定期听取党建工作、全面从严治党工作汇报，研究解决难点问题；抓好各单位部门主要负责人党建述职评议，倒逼责任落实。深耕巡视整改"责任田"。以"钉钉子"精神抓好巡视整改，97项立行立改、25项中期整改措施已按期完成，3项长期整改措施持续深化，建章立制24个。打好党内监督"组合拳"。加大对干部因私出国（境）、企业和社团兼任职、不担当不作为等工作的专项整治，个人有关事项不如实申报率降至2.4%。完成10个执法领域远程联网审计和7个专项审计，对1个隶属海关和1个事业单位开展经济责任审计。聚焦贯彻落实党的十九届四中全会精神、脱贫攻坚、制止餐饮浪费等开展专项监督5项次，发现主要问题18项，提出意见建议24条，制发监督建议书7份。坚守政治巡察定位，对6个隶属海关开展常规巡察、4个隶属海关开展专项巡察，发现问题170余个。

（三）坚持以基层党建为载体，党支部政治功能更加凸显。

一年来，我们坚持把抓好基层党建工作作为管党治党的基本任务。大抓基层基础。全面推进标准化规范化建设，抓实争创"四强"党支部与"双争一创"活动，召开关区执法一线党支部建设高质量发展推进会，大力倡导"我是党员我来讲，我是党员我来干，我是党员我争先"，组织轮训支部书记158人次，基层党组织建设质量进一步提高。严肃党内政治生活。制定《中共合肥海关委员会工作规则》，完善落实民主集中制；认真落实《关于新形势下党内政治生活的若干准则》，领导干部过好双重组织生活；深入开展谈心谈话、批评和自我批评，高质量开好民主生活会，政治纪律和政治规矩进一步强化。深挖基层热源。推动"一支部一品牌，一品牌一特色"，深化运用"全随机"工作法，党旗始终在常态化疫情防控、促进外贸稳增长和脱贫攻坚工作中高高飘扬。

（四）坚持以作风建设为重点，政治生态更加清正。

一年来，我们在正风肃纪上抓早抓小，寸步不让，推动作风全面向好。驰而不息反"四风"。印发整治形式主义官僚主义工作正面清单和负面清单，开展"灯下黑""贴着海关发财"等5个专项整治，大力排查领导干部配偶、子女及其配偶从业等问题，持续释放一刻不松、越往后越严的信号。不断改进会风文风，精简压缩各类材料报表，基层减负获得感进一步增强。久久为功锤炼作风。党委委员深入基层一线察民情、听民意、集民智，开展调研42人次。不断强化准军建设，全年组织开展实地督察12次、视频抽查13次，核实处理4起作风投诉。我关连续9年获评"省直机关效能建设先进单位"。坚持不懈树正风。深度挖掘和传承新四军"铁军"精神、"徽骆驼"精神，为事业发展赋能。制定激励关爱疫情防控一线党员干部职工担当作为的措施，为肯干事干实事的干部撑腰鼓劲。积极培育和践行社会主义核心价值观，安庆、黄山和池州海关新获评全国文明单位，总关机关和蚌埠海关通过全国文明单位复审；"皖风和韵"公众号等2个品牌获省直机关精神文明建设"五个一"成果奖。

（五）坚持以监督执纪问责为保障，惩防并举更加有效。

一年来，我们把监督执纪问责往实里抓，向深处做，动真碰硬开展追责问责。聚焦警示教育"醒脑子"。开展"2·3"电子产品走私案警示教育活动，用身边事教育身边人。拓展"警示教育月"活动，利用"云发布""云参观""云测试"开展反腐倡廉教育，获总署通报表扬。聚焦苗头倾向"扯袖子"。深化运用监督执纪"四种形态"特别是第一种形态，党委纪检组约谈各单位部门"一把手"26人、派驻纪检组负责人12人，点名道姓通报曝光4人次；对1名党员领导干部开展诫勉问责，对3人进行诫勉谈话，对19人进行提醒谈话，责令7人作书面检查，制发纪律检查建议书1份。聚焦腐败惩治"打板子"。持续强化不敢、知止的氛围，加大问题线索处置力度，始终保持惩治腐败高压态势，全年共受理问题线索18件，党内严重警告处分1人，党内警告处分1人，党内警告、记过处分1人。

2020年是极不平凡的一年，也是卓有成效、硕果累累的一年。我们不断凝聚"四干"力量，秉承初心、砥砺奋进的正能量不断涌动，干事创业、担当奉献的精气神不断提振；我们持续激发党建内生动力，一级抓一级、层层抓落实的党建工作格局基本形成，党员党的意识、身份意识明显增强；我们一体推进不敢腐、不能腐、不想腐，在强化监管、优化服务、深化改革不断取得进步的同时，守护了一方平安，没有让一名同志掉队。

在充分肯定成绩的同时，我们也要看到问题和不足，主要是：一些重点领域岗位还存在较大的执法和廉政风险，少数党员干部在处理如何与企业建立"亲""清"政商关系上，没有做到交往有道、把握分寸，"贴着海关发财"依然有生存土壤；个别单位履行全面从严治党主体责任不到位，违反党的纪律要求的情事还时有发生，在关党委三令五申的情况下，仍有个别领导干部不如实申报个人事项；从巡察的情况看，个别隶属海关仍存在屡查屡犯、习惯性"违章"等现象。这些问题要引起高度重视并有针对性地予以解决。

二、以坚如磐石的决心和意志，乘势而上，开创全面从严治党工作新局面

2021年是建党100周年，是实施"十四五"规划、开启全面建设社会主义现代化国家新征程的开局之年。今年我关全面从严治党工作的总体要求是：以习近平新时代中国特色社会主义思想为指导，深入贯彻党的十九大、十九届二中、三中、四中、五中全会精神和十九届中央纪委五次全会精神，增强"四个意识"、坚定"四个自信"、做到"两个维护"，立足新发展阶段，贯彻新发展理念，构建新发展格局，全面落实全国海关工作会议、全面从严治党工作会议部署，以党的政治建设为统领，以推动高质量发展为主题，坚持系统观念，坚定政治方向，保持政治定力，做到态度不变、决心不减、尺度不松，一体推进不敢腐、不能腐、不想腐，坚定不移深化"五关"建设，锻造准军事化海关纪律部队，发扬"四干"精神，为更好地提升合肥海关制度创新和治理能力建设水平提供强劲助力，以优异成绩庆祝中国共产党成立100周年。

着力做好以下6个方面工作：

（一）坚定不移深化政治建设，全力保障"十四五"开好局、起好步。

迈好第一步，展现新气象，关键要充分发挥党的政治建设统领作用，以管党治党新成效确保海关"十四五"规划的目标任务落到实处。

要从政治上深刻认识全面从严治党。习近平总书记强调，"全面从严治党首先要从政治上看""政治问题要从政治上来解决"。我们存在的很多问题归根到底都同政治问题相关联，都是因为政治建设抓得不严不实。海关作为政治机关，政治属性是第一属性、根本属性，必须旗帜鲜明讲政治，始终坚持党对海关工作的绝对领导，自觉把"两个维护"作为最高政治原则和根本政治规矩，不断提高政治判断力、政治领悟力、政治执行力，坚持从政治上认识和推动海关工作，时刻关注习近平总书记和党中央强调什么、要求什么，自觉在大局下思考、大局下行动。着力推动把政治优势转化为海关职能优势，大力提升服务大局的能力，在贯彻新发展理念、构建新发展格局、服务高质量发展上，体现海关作为，展现海关担当，凝神聚力做好海关"十四五"开局各项工作。

要坚持学懂弄通做实党的创新理论。以迎接建党100周年为契机，紧密联系党的十八大以来党和国家的历史进程，紧密联系以习近平同志为核心的党中央带领人民抗击新冠肺炎疫情的生动实践，把学习贯彻习近平新时代中国特色社会主义思想同学习党史、新中国史、改革开放史、社会主义发展史贯通起来，引导党员干部加强党性锻炼、党性修养，坚定理想信念，筑牢政治忠诚。认真落实意识形态工作责任制，切实增强政治敏锐性和坚定性。抓好十九届五中全会精神的学习贯彻，完成处级以上干部全员轮训。巩固深化"不忘初心、牢记使命"主题教育成果，通过思想淬炼、政治历练、实践锻炼，把思想和行动切实统一到"两个维护"上来。

要紧紧围绕"两个维护"强化政治监督。坚持把学习贯彻落实习近平总书记重要指示批示精神作为关区各级党委会、工作例会、基层党组织学习会的单列第一议题。重点围绕贯彻构建新发展格局、促进国内国际双循环重大决策，围绕抓好常态化疫情防控、打击"洋垃圾"和象牙等濒危动植物及其制品走私、推动外贸高质量发展等重点工作，强化政治监督，加大监督检查力度，决不允许在贯彻落实上不坚决、打折扣、搞变通。各级党组织要守正创新、自觉主动、举一反三、善作善成，确保党中央各项决策部署落地生根。

（二）压紧压实管党治党责任链条，推动"两个责任"贯通联动、一体落实。

全面从严治党，每一位党员都是参与者，不是旁观者。各级党委要从自身严起、从自身抓起，把负责、守责、尽责体现到每个党组织、每个岗位上。

要对照清单抓落实。去年两级党委都制定了全面从严治党主体责任清单，今年要重点对照清单抓好落实。关长、党委书记要履行好第一责任人职责，党委委员要落实"一岗双责"，推进分管部门、分管领域全面从严治党工作，纪检监察部门要有效落实监督责任，履行好监督专责。党委办公室、组织、宣传、纪检等部门要进一步明确职责定位，对本领域落实全面从严治党的情况及时分析，发现问题，拿出措施，为党委决策提供参考，在工作中加强统筹协调，增强全面从严治党工作合力。

要责任传导推落实。制定全面从严治党主体责任检查考核制度，建立科学考核评价体系，加大考核结果运用力度。制定加强对党委"一把手"和领导班子监督意见，推动上级"一把手"抓好下级"一把手"。用好约谈提醒、述职述廉、民主生活会监督等，把加固薄弱环节作为紧扣全面从严治党责任链条的着力点。

要加强问责促落实。各级党委要加强对本单位问责工作的领导，纪检监察部门要协助同级党委开展问责工作，党委组织、宣传等部门要统筹开展本领域的问责工作。对党的路线方针政策和党中央重大决策部署贯彻执行、审计和巡视巡察发现问题等，认真开展责任分析，严肃、规范、精准开展问责，既要追究直接责任也要追究相关领导责任，对应该问责而不问责的，一律严肃追究。

（三）毫不松懈纠治"四风"，坚决防止形式主义官僚主义滋生蔓延、反弹回潮。

政治生态好，人心就顺、正气就足；政治生态不好，就会人心涣散、弊病丛生。要以踏石留印、抓铁有痕的劲头抓作风、严作风，养正气、固根本。

要持之以恒落实中央八项规定精神，保持定力、寸步不让。继续盯紧"四风"新形式、新动向，有效应对、及时解决，防止老问题反弹、新问题萌发、小问题坐大。严查享乐主义和奢靡之风，不断提高公务接待、公务用车、公务差旅、办公用房等管理的制度化、规范化水平。"过紧日子",开展节约型机关创建行动,让厉行节约形成一种风尚。注重"家"文化打造,开展撰写家书、提炼家训活动,打造廉政教育的"新阵地",营造相亲相爱、团结互助、和谐向上的合肥海关"大家庭"氛围。

要持续发力整治形式主义官僚主义,抓出习惯、抓出长效。持续整治表态多调门高、行动少落实差、执行落实文件要求"上下一般粗"等问题。把"马上就办、真抓实干,锲而不舍、一以贯之"作为考验作风好坏的"试金石"、体现能力水平的"检测仪",继续巩固基层减负成果,扎实做好调查研究、绩效考核等工作,通过清晰的制度导向,从形式主义官僚主义的"桎梏"中解脱出来。

要狠抓日常管理小切口,解决作风建设大问题。始终紧绷纠治酒驾醉驾这根弦,继续保持酒驾醉驾"零"发生。强化内部监督,提升海关工作人员外出执法廉政监督办法、礼品礼金登记管理规定等工作制度的执行刚性。拓宽外部监督,有效发挥信访等渠道的监督作用,加强特约监督员工作的定期评估,真正让特约监督员发挥作用。围绕"推绕拖""懒散浮"等现象,开展专项集中整治。用好12360服务热线,开展"我为群众办实事"主题实践活动,不断增强企业和群众满意度。

要大力推进准军事化纪律部队建设,真正把纪律规矩立起来。突出内涵学军,强化垂直管理意识,把雷厉风行、令行禁止作为海关内在文化鲜明特点,形成并固化下来。进一步健全完善内务督察长效机制,紧盯窗口建设不放,常态化开展视频监控和突击检查,对发现问题的人员进行组织处理,对相关领导干部追责问责。推动机关、基层全覆盖开展常态化训练,认真组织内务规范强化月活动,推动我关准军事化建设水平再上新台阶。

(四)久久为功抓好基层党建,着力发挥基层党支部的政治功能、力量优势。

党的建设,根基在基层,活力在基层。要持续保持大抓基层、抓实基层的强劲势头,全面加强基层党支部建设,着力增强党的组织优势、组织功能、组织力量。

要突出用人导向加强队伍建设。贯彻新时代好干部标准,始终把政治标准放在第一位,严把选人用人政治关、廉洁关、品行关、作风关,注重在第一线考察、识别、评价、使用干部,大胆提拔重用在急难险重任务中表现突出的优秀年轻干部,真正把组织放心、党员服气、群众认可的干部选用起来。合理统筹队伍现实状况和长远发展需要,继续稳步推进公务员职务职级并行工作。建立关区"人才共享库",抽闲补忙、轮流安排、普遍使用、以干代训,充分发挥人力资源潜能。

要坚持功在平时抓基层党建。推动基层党建融入疫情防控、企业帮扶、文明创建。用好"全随机"工作法,办好"江淮合韵"讲堂，推动党建与业务有机融合，着力解决"两张皮"问题。各级党委要加强领导指导，每年至少专题研究一次党支部建设工作，结合支部的特点、党员关注的焦点、支部工作的着力点，在创建"四强"党支部上持续用力，注意总结经验、把握规律、创新工作方式、形成品牌特色。

要强化政治功能夯实基层组织。选优配强基层党组织领导班子，充分发挥党支部和党小组管到人头的作用，推动党支部履行好直接教育、管理、监督党员职责。坚持抓两头带中间，推动后进赶先进、中间争先进、先进更前进，推动基层党组织从"基本建好"向"全面建强"发展。大力弘扬伟大抗疫精神和劳模精神、劳动精神、工匠精神，积极培育新时代海关职业精神，让党员评"星"动起来，先锋模范树起来。

（五）坚持不懈开展系统施治，一体推进不敢腐、不能腐、不想腐同向发力、效应叠加。

准确把握"惩、治、防"的辩证统一关系，统筹推进"三不"机制，使党员干部因敬畏而不敢腐，因制度而不能腐，因觉悟而不想腐。

要始终保持反腐败高压态势，强化"不敢腐"的震慑。坚持挺纪在前，综合运用"四种形态"，特别是第一种形态，始终保持一抓到底的敏锐、敏感、敏捷，抓早抓小、防微杜渐，对苗头性、倾向性问题露头就打，防止"小管涌"变成"大塌方"；对违纪破规行为坚决处置，维护刚性，寸步不让。坚持无禁区、全覆盖、零容忍，坚持重遏制、强高压、长震慑，坚决查处违反党纪法规的行为，严肃查处群众身边的腐败问题，推动管党治党不断从"宽松软"走向"严紧硬"。

要维护制度权威，扎紧"不能腐"的笼子。要从实废止制度、从准修改制度、从严建立制度，形成靠制度管人、管权、管事的权力运行机制。把提高制度执行力和落实力作为一项重要工作来抓，坚决纠正有令不行、有禁不止行为，推动形成遵守制度、捍卫制度的良好氛围。加强领导干部个人事项报告情况的核查，力争不如实申报率为零。全体党员要按照《中国共产党重大事项请示报告条例》要求，该请示的必须请示，该报告的必须报告，该负责的必须负责，该担当的必须担当。

要推进理想信念教育，厚植"不想腐"的土壤。注重固本培元，引导广大党员干部筑牢信仰之基、补足精神之钙、把稳思想之舵。持续加强警示教育和党纪国法教育，紧盯重要节点做好廉政风险提醒，深化以案示警、以案为戒、以案促改，校准价值坐标，早打"预防针"、常敲"警示钟"。党员领导干部要始终保持"赶考"的清醒，保持对"腐蚀""围猎"的警觉，牢记"勤廉关系成败"，带头遵守党纪国法，自觉反对特权思想、特权现象，带头廉洁治家，从严管好家属子女，时刻自重自省自警自励，时刻慎独慎微慎始慎终。

（六）锲而不舍提升监督体系整体效能，推动权力运行规范有序、公开透明。

提升监督合力是新时代政治监督新课题，也是各级党委落实全面从严治党主体责任的重要任务。要着力增强监督的严肃性、协同性、有效性，推动制度优势转化为治理效能。

要加强源头预防。充分运用大数据和科技手段，着力在推进"制度+科技"廉政风险防控上下功夫、求实效，着力防范跨境电商、网络安全、危险化学品监管等领域风险。充分发挥"新海廉"平台监督作用，切实防范执法廉政风险。推进海关大数据智慧风控，加强跨部门风险联合研判，精准识别、有效处置风险。加强外出执法廉政监督，组织开展抽查回访，促进公正廉洁执法。

要深化巡视巡察监督。坚决落实习近平总书记关于"做好巡视'后半篇文章'关键要在整改上发力"的政治要求，聚焦"四个落实"，筑牢长期整改意识，组织巡视整改专项督查，把巡视整改情况纳入巡察监督重点，坚决防止巡视整改走过场、一阵风。坚持问题导向，灵活运用常规巡察、专项巡察、巡察"回头看"，推动"有形"覆盖向"有效"覆盖转变，年内对6~8个隶属海关、事业单位开展常规巡察。建立巡察整改评估机制，压紧压实巡察整改主体责任，综合用好巡察整改成果。

要提升监督合力。优化党委派驻纪检组机构和人员配置，推动派驻纪检组在事业单位实现全覆盖，向业务管理风险大的隶属海关倾斜。建立专项监督常态化区域协作机制，探索开展以区域为单位的专项监督。推动海关与地方纪委监委建立健全协作配合机制。统筹推进纪律监督、巡察监督、派驻监督、干部监督、审计监督贯通协同，切实把制度优势转化为监督效能。

要强化重点领域监督。要盯紧"关键少数"和重点岗位，围绕海关权力运行各个环节，抓住政策制定权、审批权、执法权等关键点，强化对财务管理、监管执法、大宗采购、信息化建设等重点环节开展全过程全方位监督，坚决斩断"围猎"和甘于被"围猎"的利益链，切实捆住领导干部乱作为的手脚。加大对企事业单位的监管力度，开展政治监督，从政治上防控风险。

在 2021 年合肥海关缉私工作会议上的讲话

合肥海关党委书记、关长　辛建民

（2021 年 3 月 23 日）

一、充分肯定2020年关区缉私工作取得的成绩

2020 年，关区上下高站位深化思想认识、高标准强化责任担当、高水平抓好任务落实，始终保持打击走私高压态势，全力以赴开展"国门利剑""蓝天""护卫"等联合专项行动，打击走私取得了长足的进步。从关区反走私绩效评估情况来看，在总署缉私执法质量和案件考评中，关区刑事、行政案件排位均列 22 位，较上年分别前进 12 位、8 位；在全国 17 个内地同类型海关中，我关反走私综合绩效考评列第 1 位，创了历史新高。过往，我关反走私综合绩效一直处于后列，排位基本在 12~14 位之间，2019 年开始迎头赶上、进入第一方阵，排名第 3 位，去年排在第 1 位，成绩来之不易。突出体现在三个方面：

（一）贯彻执行习近平总书记关于打击走私的重要指示批示精神，坚决有力。

锲而不舍、一以贯之禁止"洋垃圾"入境，严厉打击野生动物、象牙等濒危物种及其制品走私，严防不合格防疫物资非法出境，均有大要案斩获，以实际行动和过硬成绩忠诚践行"两个维护"。

（二）"国门利剑"等专项打击行动，扎实高效。

在打击野生动物及其产品走私、固体废物走私、毒品走私等方面，均取得突出战果，有 3 起案件被总署列为一级督办案件，2 起案件被总署列为二级督办案件，创我关查办大要案历史上最好成绩。特别是去年初查办的 2 起穿山甲鳞片案件，还得到了倪岳峰署长等 5 位省部级领导的批示肯定。

（三）全员打私意识和协同联动工作机制，持续深化。

各单位（部门）全面贯彻落实海关总署党委关于加强打击走私工作"1+6"项制度和总关党委"两个实施意见"，坚持守土有责、守土负责、守土尽责，强化资源整合、力量融合、功能聚合、手段综合，"监管、打击、预防"三位一体打私工作体系初步形成。打私办积极发挥职能作用，加强与各成员单位、各地市工作沟通联系，反走私综合整治效能不断提升，有关工作也得到了章曦副省长的高度评价。

一个个数字、一件件案件、一项项批示肯定，背后凝聚着关区广大干部职工忠诚履职的使命担当，诠释的是关区各单位（部门）严格规范公正文明执法的价值取向，体现的是关区缉私警察敢打硬仗、能打胜仗的优良作风。上述成绩的取得，离不开两级党委的戮力同心，离不开全体缉私干警的共同努力，离不开基层一线干部职工的齐心奋斗。在此，我代表总关党委，向关区全体缉私民警和所有战斗在打私一线的同志们表示崇高的敬意和衷心的感谢！

二、坚定不移贯彻落实党中央关于缉私部门管理体制调整重大决策，确保海关打击走私只能加强、不能削弱

（一）充分认识党中央关于海关缉私部门管理体制调整的重大意义。

海关缉私部门管理体制调整，是以习近平同志为核心的党中央从战略高度、全局层面做出的重大决策部署。在全国海关缉私工作会议上，胡伟副署长指出，要清醒认识打击走私是习近平总书记高度关注的工作，是党中央交给海关的重大政治任务，只能加强、不能削弱；清醒认识打击走私是海关的固有职能和法定职责，海关各业务部门都肩负打击走私的职责，海关监管现场是海关打击走私的主阵地，全员打私只能加强、不能削弱；清醒认识缉私业务是海关监管链条重要环节的属性不能变，缉私部门是海关打击走私专业队伍的定位不能变，"关警一家人"的感情不能变，各级海关对缉私工作的支持保障只能加强、不能削弱。这"三个清醒认识"，既充分表明了总署党委贯彻落实党中央决策部署的坚定决心，也深刻阐释了新时代海关打击走私工作的丰富内涵与履职要求，关区广大干部职工要切实提高政治"三力"，把思想统一到党中央的重大决策部署上来，把行动聚焦到总署党委对打私的工作要求上来，始终做到坚决服从、执行到位。

（二）切实履行海关领导负责缉私业务工作职责。

党中央关于海关缉私部门管理体制调整实施方案明确，海关缉私部门承担的职责不变，业务工作由海关领导负责。关区各单位（部门）要本着对党的事业高度负责、对关区打私工作高度负责、对关区缉私队伍高度负责的态度，把管理体制调整后的各项工作任务落细落实，把领导负责辖区缉私业务工作抓紧抓牢抓出成效。关党委将模范带头履行好领导负责关区缉私业务工作的职责，不断强化对关区缉私工作的组织领导、协调推动和支持保障。各隶属海关党委要切实加强对辖区打私工作的统一领导，各隶属海关关长要履行好打私工作"第一责任人"的职责，坚持将打私工作纳入海关整体工作一体谋划、一体推进、一体落实、一体保障。缉私部门要充分发挥专业打击"利剑"作用，始终保持严打高压态势。各相关部门既要各司其职，又要密切协作，形成环环相扣、严密闭合的海关监管链条，合力筑牢反走私工作"堤坝"。

（三）认真抓好总署党委"1+6"项制度落实落地。

总署党委关于打击走私"1+6"项制度，明确了缉私管理体制调整后，海关打击走私工作的职责、任务、机制、保障模式等，是做好新形势下海关打击走私工作的重要遵循。在年初的全国海关工作会议上，倪岳峰署长专门强调，要深入实施加强打击走私工作"1+6"项制度，全力做好缉私保障。今年，总署将对各关"1+6"项制度贯彻落实情况进行专项督查。

为贯彻落实总署党委关于打击走私"1+6"项制度，去年11月，总关党委结合关区实际，同步出台"两个实施意见"。各单位（部门）要高度重视，高站位谋划、高标准推动，把总关党委明确的19项贯彻措施和6项机制建设要求落实到位。凡是总署党委明确要求的，必须坚决做到，不打折扣。要进一步完善工作制度和保障机制，统筹做好涉及缉私警察切身利益的工资津补贴、福利待遇和维持正常运行的刚性支出，重点要保障好大案要案侦办和缉私信息化、警务装备、业务技术用房所需资金。要始终坚持关警深度融合，秉持"有盐同咸、无盐共淡"的一家人思想，真正把爱警、暖警、惠警要求落到实处，努力让关区广大缉私民警安心、安身、安业。同时，关区缉私部门和广大民警也要讲政治、讲大局，做到换位思考、相互理解、相互支持，与各职能部门同向发力、同频共振，不断为增强统筹保障、一体保障贡献智慧和力量。

三、锲而不舍做好六个方面工作，推动关区打击走私工作高质量开局

2021年是中国共产党成立100周年，做好建党100周年安保维稳工作，是贯穿今年工作的"总纲"和"主线"。我们要始终聚焦这一"总纲"和"主线"，始终统筹国内国际两个大局、发展安全两件大事，始终保持对"中央关注、社会关切、群众关心"等重点热点走私问题的高压严打态势，着力实现新发展阶段关区打击走私工作高质量开局，为加快建设更高水平的平安中国、法治中国和现代化美好安徽做出更大的贡献。

（一）锲而不舍强化主体责任。

打击走私，是海关的法定职责、固有职能，是海关把好国门、履行职责的重要组成部分。各级党委主要负责人，是打击走私"第一责任人"，要深刻理解"领导负责"的内涵，义不容辞地承担起打击走私领导责任，始终把缉私工作纳入整体工作中，一体谋划、一体推进；作为形势分析及工作督查例会的常设议题，推动打私执法疑难问题的解决和各项联合专项行动的有效开展；各隶属海关关长要经常深入业务一线开展工作调研，对本地区反走私工作形势、重要行业和重点企业进出口守

法状况等，要做到心中有数；重要行动，要坚持靠前指挥、现场督办；重大案件推进和办理情况，要加强请示汇报。在处理依法行政与服务经济发展的关系上，必须始终牢记以依法行政为前提，对一些走私不法行为实施处罚，不仅不会影响海关与地方的关系，反而有助于提升海关公正执法的地位和形象。这一点，各位隶属海关关长必须谨记。

（二）锲而不舍强化专项打击。

各单位（部门）要闻令而动、听令而行，坚定不移贯彻落实习近平总书记关于打击走私的重要指示批示精神，紧紧围绕海关总署"蓝天""国门利剑"等联合专项行动部署，结合安徽实际，一以贯之严厉打击"洋垃圾"走私、象牙等濒危物种及其制品走私、防疫物资和疫苗非法出境、"水客"走私、重点涉税商品及农产品走私、涉枪涉毒走私，打稳打狠，挖深查透，坚决守好关区打击走私防线，确保区域走私风险整体平稳可控。

（三）锲而不舍强化全员打私。

各单位（部门）要始终坚持打击走私是海关全局性工作的定位，强化"命运共同体"意识，避免职能部门"灯下黑"，自觉把打击走私的意识、责任和行动贯穿于各项业务流程和工作全过程。要坚持价值导向，既各司其职又强化合作。缉私部门要充分发挥专业打击职能作用，联合风险、统计等部门，加强情报风险分析研判，对重大走私案件和专业团伙实施"打头、断链、挖根"，全力遏制走私高发势头，在巩固查证率的基础上，着力提高查获率。要落实以案说法、服务监管等要求，促进完善海关正面监管。相关业务部门要发挥各自优势，围绕重点商品、重点渠道、重点领域，紧盯各类走私风险，有效查发、查缉、查控走私，不断提高案件线索查发移交率，并及时开展鉴定、核税、归类、估价、原产地认定，同步开展执法疑难问题研究，加强对打私工作的业务支持。各综合部门要主动参与、支持、配合打击走私工作，及时做好打击走私宣传、"一案双查"、科技和经费保障等，切实为打击走私提供有力支撑。要坚持目标导向，全面落实打私量化任务。按照总署党委要求和这次会议布置，紧盯关区打击走私指导性目标任务，下大力气落实"业务部门查发移交缉私刑事立案数在缉私部门办理刑事案件总数中的占比不低于50%"的底线目标。要坚持实绩导向，及时做好打私考核评估。依照海关总署《海关全员打私绩效评估办法（试行）》，细化制定关区全员打私绩效评估实施办法，每年年中开展中期评估，年底开展全年工作评估，建立健全打私绩效评估档案，评估结果作为关区干部选拔任用、考核监督、表彰奖励、问责追责的重要依据。对查发案件有功人员实施表彰奖励时，既要重视对线索、移交部门海关人员的奖励，也要重视对案件办理取得实质性突破的缉私民警的奖励，兼顾公平公正，做到"一碗水端平"。

（四）锲而不舍强化综合治理。

打击走私工作是国家治理体系的重要组成部分，是建设更高水平的平安中国的重要内容。"十四五"时期，反走私综合治理要更加聚焦服务保障高水平对外开放、畅通国内国际双循环、统筹发展与安全等重大任务上来。关区各单位（部门）要切实增强系统观念，统筹各方力量，用好各方资源，不断完善反走私综合治理体系。要依托打私办设在海关的优势，加强向地方党政报告反走私形势和工作情况，积极推动地方政府更加重视对反走私综合治理工作的组织领导，进一步发挥打击走私基础性作用。要细化对各市"平安建设"（综治工作）考核指标，充分发挥好海关参与考核推动打私工作的指挥棒作用。要聚焦重点领域突出走私问题，协同各执法单位，深化专项打击、综合整治和多元共治。要加强与横向单位间的沟通交流，尤其是要密切与税务、市场监管、生态环保、国安、公安、检察院、法院等的工作联系，没事常走动、遇事多商量、难事求支持，努力为推进反走私综合治理添力赋能。要建立疑难复杂问题会商制度，积极协调有关部门尽快解决好成品油、冻品、固体废物等私货后续处理问题，进一步提高反走私综合治理水平。

（五）锲而不舍强化专业能力。

面对新形势下的打击走私工作，关区各单位（部门）要更加突出改革创新这一关键动力，紧扣高质量发展这一主题，更加注重系统思维、法治观念、强基导向，苦练内功，锻造更加过硬的专业本领。要深化"智慧缉私"建设。突出实战实用导向，积极跟进海关总署"四个中心"提档升级工作步伐，推动"智慧缉私"与"智慧海关"有机对接、深度融合；进一步发挥海关部门的行业优势和公安机关的专业优势，深化大数据分析应用，提高重点领域、重点商品风险联合研判预警能力和分析应用水平，提高精准识别、精准打击的能力。要深化缉私作战模式。内部要建立"风险+缉私+现场"等立体化查缉模式，创新关警协同技战法；外部要进一步加大跨区域、跨部门、跨警种协作配合，探索建立"联合经营、统一查缉、分别侦办、证据共享"的合成作战模式，构建联查联控、联防联动的多维合成作战机制，对大要案实施全链条纵深打击。要深化执法规范化建设。深入学习习近平法治思想，紧紧围绕法治海关建设部署和公安严格、规范、公正、文明的执法要求，落实好刑事执法"两统一"机制、行政执法"三项制度"，落实好总署党委印发的直属海关"一案双查"工作办法，加强执法培训，强化全流程执法监督管理，健全执法疑难问题研究机制，切实防范执法风险，提升关区打击走私法治化水平和执法公信力。

（六）锲而不舍强化新闻宣传。

近年来，全国海关打击走私新闻宣传成效显著，通过预设议题、主动引导舆论，牢固树立了"宣传也是打私"的工作理念。虽然我关反走私综合绩效取得明显进步，但新闻宣传尚未与此同步。办公室、缉私局要加强对关区打击走私新闻宣传的策划统筹，及时反映打击走私专项行动成果。各隶属海关也要加强与当地新闻媒体的沟通联系，通过联合地方政府及相关执法部门召开新闻发布会等方式，进一步扩大反走私宣传成效，形成人人喊打走私舆论氛围。要严肃外宣纪律，注重方法创新，不断提高全社会对海关打击走私工作的关注度和群众参与度。

第二篇 专记

深入开展党史学习教育综述

2021年，合肥海关紧扣党史学习教育目标要求，以高度的政治责任心和历史使命感持续推动党史学习教育走深走实，引导党员干部在学深悟透中进一步筑牢凝心聚魂的思想根基，增强为国把关的责任意识，淬炼"崇尚实干、强调快干、讲求会干、务必干好"精神，以合肥海关"十四五"良好开局的优秀答卷，庆祝中国共产党成立100周年。

一、高起点实干谋划，确保党史学习教育起步有力

强化组织领导，让整个关区"动起来"。全国海关党史学习教育大会召开后，机关党委坚持马上就办、真抓实干，迅速成立领导小组，研究制订关区党史学习教育实施方案，提出4个方面的目标要求和6个方面的学习重点。围绕全国党史学习教育动员大会、庆祝中国共产党成立100周年大会、党的十九届六中全会三大主题活动，做到第一时间收听收看、第一时间传达贯彻、第一时间研究落实。跟进出台"我为群众办实事"实践活动重点民生项目清单，细化目标任务、明确责任分工，确保贯通推进、衔接有序。紧扣关键节点，让学习教育"活起来"。关区各级党组织牢牢把握党史学习教育的关键节点，及时举办处级领导干部学习贯彻习近平总书记"七一"重要讲话精神专题读书班和学习贯彻六中全会精神专题学习班。先后邀请省委常委、合肥市委书记虞爱华，省委副秘书长、政研室主任余三元，省委党校马克思主义学院院长汪兴福为党员干部做专题辅导；赴金寨、庐江等地红色遗址进行现场教学、参观"初心映江淮——庆祝中国共产党成立100周年主题展"、"百年恰是风华正茂"主题档案文献展，持续掀起学习热潮。压实工作责任，让监督检查"严起来"。建立健全党史学习教育周报和"我为群众办实事"月报工作机制，对各项重点任务紧盯不放，对民生项目一抓到底。将党史学习教育开展情况纳入关区政治巡察监督重点，列入年度目标考核重要内容，作为基层党建述职必述内容，以监督倒逼学习教育不停步、为民办事不松劲。

二、高质量快干会干，确保党史学习教育落实有序

打牢"学"的基础。始终把思想教育作为党史学习教育的头等大事。领导干部先学一步、学深一层，关区两级党委开展中心组学习237次、党委委员讲专题党课101次；用好红色资源，注重文化浸润，深挖安徽红色富矿，开设"学史·铸魂"专题讲堂，邀请研究海关文化的退休同志讲授"红色文化红耀海关"系列课程，深入挖掘"皖西北道区霍邱海关局"历史，各支部依托江淮各地的红色研学点，打造一堂堂沉浸式党课；制订学习型机关建设方案，设置"电子书吧"，组织关员推荐"一百本好书"，建立党支部述学评学机制，选树"学习标兵"，组建青年理论学习小组，紧贴青年实际上好理论课、实践课。把握"干"的根本。始终把为民办实事作为党史学习教育的大力措施。对"我为群众办实事"重点民生项目实行项目化推进、销号式管理，机关党委研究制定的45项重点项目、96条措施全部完成，各隶属海关党委制定的195个项目清单全部落实。在总署开展的"百佳案例"评选中，合肥海关2个项目成功入选。在这些项目中，既有业务领域的创新之举，为企业解决"燃眉之急"，又有关注民生的实际举措，为关员打造"暖心家园"，让党史学习教育不仅有广度、深度，更有温度。强化"融"的理念。始终把破解难题作为党史学习教育的内在要求。坚持把党史学习教育与总结经验、观照现实、推动工作结合起来，同解决实际问题结合起来，将学习教育与"十四五"规划开局起步统筹谋划，与"现场监管与外勤执法权力寻租"专项整治、"推绕拖""懒散浮"专项整治一体推进，与夯实基层党建基础协调联动，切实把学习成果、教育成效转化为关区各项工作的新风貌。

三、高标准干好推进，确保党史学习教育务实有效

以上率下抓推动。机关党委始终把党史学习教育作为重大政治任务，直接抓、具体抓、抓到底。关党委委员既当领导者、又做参与者，结合落实基层一线联系点制度，深入关区基层一线开展调研100余次，同步对党史学习教育情况进行检查指导。"七一"期间，党委委员以普通党员身份参加所在支部组织生活会、讲授专题党课，为各级党组织和广大党员干部做出示范表率。全面覆盖抓督导。组建由二级巡视员（督办）担任组长、副组长的6个巡回指导组，对41家单位进行全过程、全覆盖督导。各督导组坚持既督任务、督进度、督成效，又查认识、查责任、查作风，开展实地督导60余次、谈心谈话200余人次，发布督导提示单30次，确保规定动作做到位、自选动作有实效。守正创新抓宣传。从线上到线下、从声音到影像，构建全方位、立体式的宣传阵地。在政务

网设立党史学习教育专栏，建成"红色安徽"党史学习教育百米长廊，制作视频、广播、展板滚动展示做法成效。围绕庆祝中国共产党成立100周年，举办纪念表彰大会、"党史回声"专题活动、老物件征集、红色邮票展、主题书画展等系列活动，营造"党的盛典、人民的节日"的浓厚氛围。着力加强外宣工作，在中央电视台《新闻直播间》实现突破，17篇（条）信息登上各类省部级媒体头版，与总署办公厅首次联合举办"薪火相传 '徽'聚力量"主题在线访谈，关区微信作品在总署"金钥匙"公众号的全年采用量名列全国海关第8位，用全面立体丰富的宣传报道，唱响主旋律主基调。

（撰稿单位：机关党办）

学习贯彻党的十九届六中全会精神综述

党的十九届六中全会召开以来，合肥海关党委坚持把学习贯彻全会精神作为重大政治任务，持续推进学习领悟走深走实、入脑入心，确保贯彻落实谋深谋细、落实落地。

一是聚焦"学深悟透"，着力抓好学习贯彻。把学习全会公报和《中共中央关于党的百年奋斗重大成就和历史经验的决议》与党史学习教育结合起来，与学习习近平总书记关于海关工作的重要指示批示精神结合起来，邀请安徽省委常委、合肥市委书记做专门辅导，党委书记面向基层宣讲3次，两级党委开展专题学习56次，组织200余名处科级干部参加专题学习班。利用"三会一课"、主题党日等形式推动各基层党组织集中学习159次，收集党员学习心得700余篇，组织全员通过"钉钉"App参加十九届六中全会专题学习班线上培训及测试，确保学习贯彻全会精神覆盖到每个支部、每名党员。

二是聚焦"宣传引领"，着力营造浓厚氛围。利用"三屏一廊一广播"立体宣传阵地，结合安徽"红色印记"，以开辟专栏、制作各单位部门的学习贯彻展板、刊发学习动态信息和心得体会等方式，多角度、多渠道、全方位地深入阐释党的百年奋斗伟大成就、伟大意义、伟大经验以及新时代党的实践要求，确保宣传引领工作有力度、有声势、有成效。积极对接协调各类宣传渠道和资源，动态展示关区学习贯彻全会精神的好经验、好做法，更多地发出海关声音、展示海关形象。

三是聚焦"落地见效"，着力强化担当作为。始终遵循"十个坚持"宝贵历史经验，坚持"人民海关为人民"的理念，紧密结合"我为群众办实事"实践活动，出台《合肥海关企业问题直报点管理办法》和《合肥海关业务工作跟班作业管理办法》，进一步畅通问题收集、研究和反馈渠道。认真落实署省新一轮合作备忘录，推进落实35项措施，以实际行动不断深化海关改革创新，持续优化口岸营商环境，促进国内国际两个市场在安徽交汇联结、有机融通。坚持统筹发展和安全，坚决防范化解重大风险，时刻绷紧疫情防控这根弦，持续加大对走私"洋垃圾"、濒危野生动植物及其制品的打击力度，全方位守护国门安全。

在合肥海关党委理论学习中心组（扩大）学习暨党的十九届六中全会精神专题学习班上，党委书记、关长辛建民结合个人学习讨论体会和感悟做开班动员，强调要从党的百年奋斗重大成就和历史经验中汲取智慧力量，科学锚定新时代海关工作的目标方法。一要传承"红色基因"，始终坚持党对海关工作的全面领导。深刻理解"两个确立"的重大政治意义、历史意义，开展忠诚教育，做到"总书记有号令、党中央有部署、总署党委有要求，合肥海关见行动"。二要站稳"人民立场"，始终坚持"人民海关为人民"的理念。精准对接安徽发展所需、企业所急、群众所盼，常态化开展"我为群众办实事"，进一步完善执法一线科室和基层党支部联系点制度，建立健全干部职工思想动态分析报告制度。三要发扬"光荣传统"，始终坚持围绕中心服务大局。自觉践行总体国家安全观，建立健全安全监管制度体系，不断增强开放监管能力、风险防控能力；坚决贯彻落实习近平总书记视察安徽重要讲话指示精神，高质量推进安徽自由贸易试验区等开放平台建设，推动更多海关创新监管制度在安徽落地叠加。四要深化"创新驱动"，始终坚持以全面深化各项改革不断提升海关制度创新和治理能力。充分发挥安徽深度融入"一带一路"建设，以及长江经济带发展、中部地区崛起、长三角一体化发展等多重国家战略集聚叠加的优势，推动关区各项工作紧跟时代前进步伐。五要勇于"自我革命"，始终坚持纵深推进全面从严治党。坚决贯彻落实党中央全面从严治党部署要求，严格落实主体责任，全面推进党的政治建设、思想建设、组织建设、作风建设、纪律建设，把制度建设贯穿其中，深入推进反腐败斗争，打造清廉海关。

（撰稿单位：机关党办）

统筹推进疫情防控和经济社会发展工作

一、坚持总策略总方针，提升常态化防控有效性

合肥海关认真贯彻落实习近平总书记关于疫情防控工作的重要指示批示精神，增强做好疫情防控工作的责任感、使命感、紧迫感，坚决克服麻痹思想、厌战情绪、侥幸心理和松劲心态，狠抓各项常态化疫情防控措施的落实。

严格口岸疫情防控措施。结合实际先后制订合肥海关新冠肺炎疫情防控安全防护自查及督导检查工作方案、合肥海关职业暴露应急处置预案、合肥海关分场景安全防护现场工作手册等一系列技术方案9份，不断完善应急处置措施。时刻绷紧疫情防控这根弦，严格执行口岸"三查三排一转运""7个100%"等各项防控要求，持续加强多部门联防联控，按照"一机一策""一船一策"形成检疫闭环，2021年共检疫查验出入境交通工具498架（艘）次，检疫出入境人员3,250人次，排查有症状者2人次，未检出输入性新冠肺炎病例。

坚决守住安全防护底线。成立关区安全防护督查组，组建"挑毛病"小组，运用"四不两直"方式加大对高风险人员、重点区域的检查力度，及时排除安全隐患；从严就高做好一线人员个人安全防护，严格落实一线高风险岗位人员"四必须""五件套""六个不"封闭管理要求；科学推进疫苗接种，关区总接种率达96.92%，一线人员动态保持100%全程接种及100%加强免疫接种；持续强化培训演练，不断提高一线人员规范操作能力，开展实操演练118次，其中有关职业暴露感染应急处置的演练视频入选总署优秀演练视频，在全国海关进行展播。

防止其他疫情叠加。强化入境交通工具检疫查验，加强口岸病媒生物监测，定生境、定人员、定时间、定方法，布置监测点85处，捕获病媒生物6.7万只，发现伊蚊密度超标10次；督促口岸运营单位做好环境综合治理和防疫卫生处理，严防虫媒传染病传播；顺利通过世界卫生组织专

家组针对本关近10年的个案资料、蚊类监测、信息通报、能力验证等疟疾防控工作关键环节印证材料的现场考核，口岸疟疾防控工作成效得到高度肯定。

织密内部防控网。对内部工作人员实施全时段、全覆盖管控，确保人员"零感染"。对所有办公区实施封闭管理，本单位职工验"两码"及体温测量正常后方可上岗，外单位人员进行风险排查无异常后方可进入办公区。每日开展日常疫情监测，指定专人搜集前一日疫情情况，在关区内网设置"即时快讯"栏目向全关区通报疫情情况。严格落实干部职工健康监测"日报告、零报告"制度，排查范围涵盖在编工作人员、非在编工作人员以及服务外包人员，确保日常无遗漏。把"非必要不出行""非必须不出行"作为一项纪律来执行，严格履行出行审批、登记程序，严格落实出行返岗前核酸检测要求。

二、落实"六稳""六保"，服务安徽经济高质量发展

合肥海关坚持稳中求进工作总基调，立足新发展阶段，贯彻新发展理念，构建新发展格局，做好"六稳"工作，落实"六保"任务，服务安徽实现高质量发展，以优异成绩庆祝中国共产党成立100周年。

优化口岸营商环境。全面推进"证照分离"改革，报关企业注册登记和出口食品生产企业备案办理时长缩短30%以上。大力推进"互联网+海关"，审批事项100%网上办理，形成线上线下融合发展的海关政务服务新模式。对行政审批指南进行及时更新，推进审批改备案、告知承诺制、优化审批流程，为企业和群众提供更加高效便捷的服务。企业办理报关单位注册登记业务时递交的申请材料数量由5种压减为1种。应企业申请，现场海关提供预约加班、优先查验和上门查验服务，推行8小时之外及节假日预约通关服务，切实降低企业物流成本。实行企业自主选择是否陪同查验，减轻企业负担。落实新一轮跨境贸易便利化专项行动部署，对体现国家战略意图的重大科技项目、综合性国家科学中心和国家重点实验室建设，量身打造个性化监管服务方案。跟进长鑫集成电路二期和蚌埠药用玻璃等重大项目建设，支持量子实验室和相关公司国家级企业技术中心应用进口税收政策，将重大项目进口核心元器件、材料和设备纳入长三角海关特殊货物检查作业一体化改革范围。

助推海关特殊监管区域发展。先后研究制定《合肥海关促进综合保税区高水平开放高质量发展工作方案》《合肥海关支持综合保税区发展的细化措施》，强化政策支持。加强对合肥空港综合保税区、蚌埠综合保税区、合肥陆港保税物流中心、池州皖江江南保税物流中心、六安舒城保税物流中心申建工作的指导。积极指导推进安庆综合保税区监管设施建设，通过实地检查确保符合建设标准要求。2021年，

安庆综合保税区顺利通过国家八部委正式验收。

支持跨境电商和市场采购业务发展。制定出台《合肥海关进一步推进跨境电子商务发展的八条措施》，同时向总署争取成为跨境电商B2B出口监管试点直属海关，扎实推进蚌埠市场采购贸易新业态运行发展。制定出台《合肥海关市场采购贸易海关监管办法实施细则（试行）》《合肥海关支持市场采购贸易方式发展的十条措施》，对外正式开展业务。加强与宁波海关沟通，便利货物经宁波转关出运。2021年，安徽省企业以市场采购贸易方式出口货值10.37亿元，同比增长18.2倍。

铸牢国门安全防线。持续强化新冠肺炎疫情防控工作，扛牢监督责任、压实主体责任、夯实纪律保障，严格口岸查验工作操作规范，全面落实防控管理和个人防护各项措施。全力以赴扎实开展打私联合专项行动，打好打击固体废物走私"蓝天2021"专项行动攻坚战、打击象牙等濒危物种及其制品走私持久战，牢牢守护国门安全防线。坚决贯彻落实国务院农产品稳产保供的决策部署，强化监管，优化服务，有力保障安徽省最大批次共计2,290头进境丹麦种猪生物安全，助力生猪稳产保供。

加强知识产权保护。根据总署统一部署制订工作方案，组织开展"龙腾行动2021"知识产权保护专项行动和"蓝网行动"寄递渠道知识产权保护行动。专项行动期间共下达涉及知识产权布控指令26条，合肥关区共查扣涉嫌侵权知识产权商品1,248批，查扣涉案商品4,254件。与南京、郑州、南昌海关寄递渠道查获侵权货物系列案入选2020年度中国海关知识产权保护典型案例；合肥海关所属芜湖海关积极协助芜湖地方法院开展芜湖市首起涉外知识产权刑事自诉案件的调查取证工作，该案件入选2020年中国法院50件典型知识产权案例。与安徽省市场监管局签署《中国（安徽）自由贸易试验区和进出口环节知识产权快速协同保护合作备忘录》。根据国有企业、民营企业和中小微企业等不同类型企业的不同特点，实施有针对性的指导与服务，畅通企业维权渠道，为企业走出去参与国际竞争提供支持。

（撰稿单位：办公室）

安徽自由贸易试验区海关创新案例（2021）

长三角海关特殊货物检查作业一体化改革

集成电路的设备和原材料对环境温度、外包装的安全性和平衡性以及内包装的防湿、防尘、防光等条件的要求很高，没有专业人员操作和专业场地保护，很容易造成货物损毁。改革前，集成电路的设备和原材料主要从上海入境，但是按照现行海关监管政策，上述货物如采用一体化方式通关且命中查验，须在口岸实施，给企业通关带来不便。中国（安徽）自由贸易试验区合肥片区率先试点长三角海关特殊货物检查作业一体化改革，支持集成电路精密仪器设备和原材料，经入境口岸海关进行外形、机检检查后，运至企业内合适环境中，由属地海关拆封检查，有效支持了集成电路企业发展。

一、主要做法

（一）"信用监管"遴选试点企业。

《中国（安徽）自由贸易试验区总体方案》明确要求优化海关监管模式，综合运用多种合格评定方式，实施差异化监管。合肥海关重点结合集成电路企业的业务需求，探索长三角海关特殊货物检查作业一体化改革试点，通过对企业资质、供应链信息、历史查验查获等情况进行全面风险评估，形成改革试点企业白名单，实施差异化监管。由此，合肥海关构建了以"信用管理"为核心的试点企业及货物遴选标准体系，重点涵盖以下要件：企业注册地在合肥关区范围内；企业类型为高新技术生产或加工企业；海关信用类别为一般信用及以上企业；企业在上海口岸查验货物为真空包装、防光包装、恒温储存等在普通环境下拆箱查验会影响性能品质的高新技术货物；企业一体化通关报关单和异地查验达到一定数量，近三年查获率处于较低水平。

（二）口岸与属地海关联动，"先放后检"快速通关。

在长三角贸易通关一体化机制下，合

肥海关与上海海关签署合作协议，强化口岸和属地海关协同配合。开创"口岸海关先放行+属地海关后检查"联动机制，双方升级海关信息化管理系统，先由上海海关进行外形、机检检查作业，如果确认需要拆箱检查，上海海关予以"先放行"，并通过系统向合肥海关发出检查指令；货物运抵企业后实施"后检查"，合肥海关按照指令派员完成目的地检查作业并在系统内反馈，上海海关对合肥海关检查作业结果予以确认。

（三）"分类处置"防范改革风险。

构建强化口岸海关和属地海关联动的"分类处置"机制，最大化防范改革试点风险。上海海关对企业备案货物进行外形查验的结果分为两类：一类是外形查验结果异常，则终止"先放后检"，按照原相关指令流程执行；另一类是对外形检查未发现异常，则上海海关下达目的地检查指令，货物运送到合肥后，合肥海关重点核准企业是否借机扩大"先放后检"产品范围，如发现违法违规行为，按照相关法律法规和规定进行处置，取消企业试点资格且一年内不得申请"先放后验"监管。

二、实践效果

（一）促进通关降本增效。

截至2021年11月，长三角海关特殊货物检查作业一体化试点企业涉及抽检货物累计货值3.27亿元，平均每票货物节省通关时间3~5天、节约仓储费用约4万元。此外，上述改革举措对一些需要预约厂商工程师赴现场指导海关查验的产品进口成效更加显著，预约厂商工程师时间可以减少约15天。

（二）物资损耗大幅减少。

改革前，涉及抽检的原材料物资损耗较大，比如光刻胶等化学品在上海海关取样检测，取样后该桶原材料即报废，企业损失300~6,000美元不等。采取长三角特殊货物检查作业一体化后，合肥属地海关在企业内黑暗、低温条件下对化学品原材料取样送检，取样后企业封存，仍可继续使用。对于集成电路设备，采取货物运抵企业后实施"后检查"模式，也大幅降低了物件损坏风险。

（三）支持集成电路产业发展。

当前，全球集成电路设备、原材料持续紧缺，抢购关键设备和原材料对于企业抓住市场和政策窗口期、迅速达产意义重大。此项改革措施以集成电路行业为重点，使企业通关便利性和综合效益得到大幅提升，护航企业生产计划与投资达产安排。首票试点以来，共10家企业入选试点，合计对93票、437种特殊货物快速通关，有力保障了集成电路企业顺利达产增效。

三、下一步工作思路

（一）适时扩大试点企业范围和产品领域。

在总结现有试点评价体系基础上，进

一步扩大试点企业覆盖面,并逐步拓展特殊货物目录清单,将精密仪器设备零配件等纳入试点清单。此外,结合企业需求开展调研,争取拓展特殊货物目录品类新方向。

(二)探索扩大试点区域范围。

在上海海关与合肥海关联动模式基础上,结合企业设备和原材料进口模式特点,积极对接宁波海关等,探索延伸入境口岸适用范围,争取扩大至长三角范围内更多关区。

"联动接卸"江海联运新模式

中国(安徽)自由贸易试验区芜湖片区对接上海自由贸易试验区临港新片区,将芜湖港作为洋山港的货物接卸地,探索"联动接卸"江海联运新模式,实施沪皖港口一体化监管,货物经芜湖港、洋山港进出口可"一次申报、一次查验、一次放行",有效发挥了芜湖港的区位优势,提高了长三角区域物流运转效率,促进了长三角区域一体化高质量发展,为沿江港口城市提供了江海联运新模板。

一、主要做法

(一)实施沪皖港口"视同一港"整体监管。

"联动接卸"模式将芜湖港作为洋山港的延伸,为解决港口之间转关申报和二次运抵的问题,在上海海关、合肥海关的牵头指导下,洋山海关、芜湖海关、洋山港、芜湖港等单位成立专题小组,明确操作细则,打通物流节点;建立两关两港合作协调机制,搭建信息沟通平台,打通海关监管、港口作业、货物物流等信息,实现洋山港和芜湖港"视同一港"整体监管。

(二)沪皖港口"一次申报、一次查验、一次放行"。

"联动接卸"模式下,进口货物在洋山港放行后,经专用驳船转运至芜湖港即可直接提离;出口货物从芜湖港经专用驳船转运至洋山港后,触发报关单放行,即可从洋山港直接装大船离境。如有布控查验,由洋山海关派员在洋山岛上进行。在该模式下,货物经芜湖港、洋山港进出口,均可实现"一次申报、一次查验、一次放行"。

(三)叠加"船边直提""抵港直装"等创新举措。

芜湖海关在"联动接卸"模式基础上,叠加"船边直提""抵港直装"等创新举措。"船边直提"以进口集装箱货物向海关提前申报为基础，企业充分利用货物在途时间办理报关申报、单证审核、税款缴纳等手续，船舶抵港后，无须海关查验的货物即可放行，实现车辆从船边直接接卸、提货；"抵港直装"是在出口船舶抵达前后，载货集装箱运抵码头之前提前办理出口申报放行，使出口货物可以不经过码头和堆场，在海关放行后，在海关监管下"不落地，直接上船"，进一步提高通关效率，为外贸企业提供更多通关物流选择。

二、实践效果

（一）长三角区域物流成本明显降低。

"联动接卸"模式实施以前，企业通过洋山港进出的外贸货物要用集卡车通过公路在芜湖港和洋山港之间运输，运输费用高，效率低；"联动接卸"模式以全国通关一体化业务逻辑为基础，结合洋山港、芜湖港基础设施条件，以智能化、信息化、便利化为原则，定时、省心、省钱。2021年3月，由"富航之鑫"号货轮装载的两个40英尺集装箱的出口太阳能电池组件从芜湖港运抵洋山港，芜湖港—洋山港"联动接卸"海关监管模式正式运作。经测算，与公路运输相比，"联动接卸"模式下成本降低接近一半，全程运输时间48小时，每个集装箱可节省约2,000元；与现行"水水中转"相比，该模式下无须在芜湖和上海办理中转手续，可节省物流时间1天。

（二）江海联运枢纽港地位进一步强化。

该模式助力打造全省"一核两翼"航线布局，以"芜湖—洋山"点对点直航一核为主轴，通过"合肥—芜湖"港航巴士，安庆、铜陵等皖江支线两翼，打通了江北、皖北地区乃至长江中下游地区的物流运输主通道，有利于芜湖港打造长江中下游大宗散货集散中心、长江下游集装箱空箱调运中心、水铁多式联运枢纽，进一步提升芜湖港作为国家一类口岸的开放功能，推动区域产业转型升级和国际物流业快速发展，对促进全省开放型经济发展具有重要作用。

（三）助力长三角区域一体化高质量发展。

通过实施"联动接卸"江海联运新模式，一方面，依托与广袤经济腹地的紧密联系，助力芜湖港进一步建设成为上海国际航运中心的重要组成部分、长三角城市群核心枢纽港，完善了服务于长三角一体化发展的交通运输体系，促进了长三角与长江经济带的有效联通；另一方面，芜湖港与洋山港加强了港口联动，迈出了"联动接卸"向长三角区域港口扩展的坚实一步，有利于进一步抢抓"一带一路"建设、长江经济带建设和长三角区域一体化发展战略机遇，有力推动长三角区域一体化高质量发展。探索"联动接卸、视同一港"整体监管，实现长三角区域港口一体化，使企业享受"一次申报、一次查验、一次放行"。

三、下一步工作思路

持续推进区域港口协同、港航合作与集疏运完善，持续拓宽"联动接卸"模式的业务边界，提升洋山港和芜湖港服务腹地企业能力。结合芜宣机场建设以及中欧班列开行，推动形成水、陆、空、铁综合交通枢纽，构建起服务长三角一体化发展的多式联运体系。

跨境电商零售进口退货中心仓模式

为更好地解决综合保税区内跨境电商企业的退货入区难题，中国（安徽）自由贸易试验区合肥片区试点设立综合保税区跨境电商零售进口退货中心仓，允许消费者退货包裹返回综合保税区，支持跨境电商产业的发展。

一、主要做法

退货中心仓是指在整体退货流程中，将区外退货仓转移至区内，允许消费者退货包裹入区，在区内进行分拣、退货申报、上架等流程，实现退货业务集中在同一园区范围内的集约式仓储管理，有效降低企业经营成本，促进跨境电商行业业务增长。

（一）退货中心仓场所设立及管理。

合肥经济技术开发区综合保税区根据企业需求在区内选址建设跨境电商零售进口退货中心仓，建筑面积约900平方米，仓内按照海关要求划分不同作业区，视频监控等硬件监管设施符合海关监管要求。经济技术开发区下属国资企业作为第三方运营单位负责退货中心仓日常分拣作业及管理工作。

（二）退货入区流程。

1. 入区管理。消费者将退货商品邮寄至区内地址，退货包裹由快递车辆运载，通过卡口登记方式申报入区。如有布控则进入加工区场站接受海关查验，如未布控则可直接入区。

2. 理货分拣。包裹入仓后由中心仓运营方负责收货分拣，海关布控包裹提前分拣至"待查验区"等待海关查验，其余包裹则根据商品状态进行分拣，适合二次上架商品商家可申请入库上架销售，残次品可申请销毁或退运。退货中心仓内不同商家货物不允许混放。

（三）商品上架监管及查验。

1. 单证审核。依托跨境电子商务进口统一版系统审核退货申请单，重点关注退货申请单关联的二线出区清单、订购人身份信息及额度等，加强对交易真实性的有效管控。退货申请单放行后，商品重新上架销售，自动返还保证金额度和个人额度，核增原出区账册库存。

2. 查验管理。根据实际退货情况，对退货申请单进行指令布控和随机抽查，重点核验退货包裹是否单货一致、符合二次销售标准，严格防范安全准入与税收风险，对中高风险企业设置较高的布控查验率，避免以次充好。

二、实践效果

受电商行业运营特点以及互联网消费习惯等因素影响，消费者无理由退货是跨境电商进口行业的普遍情况。据统计，各大跨境电商平台正常退货率为5%~15%，大促期间退货率更是高达30%。由于退货商品作为个人物品已经完成清关手续，商家如不及时处理就会面临大量的货款损失和税费负担。

试点以前，综合保税区内的跨境电商企业如果要办理退货，需要在综合保税区外额外租赁仓库、招聘人员，设置专用的退货仓库，在区外对退货商品进行理货及品质核验，以是否符合二次销售条件为标准进行分拣。分拣完成后，对于符合二次销售条件的商品，向海关申请退货进入综合保税区，海关按规定退回所征税款并返还消费者个人额度。

在跨境电商零售进口退货中心仓模式下，退货中心仓直接转移至综合保税区内，允许消费者直接快递退货包裹至综合保税区，在区内完成退货商品的理货、分拣、退货申报、重新上架等操作流程，"一站式"完成退货全流程，比原来的区外模式压缩退货时间5~10天，减少了因超过30天申报期限而无法完成退货流程的情况，实现了企业集约化作业和海关合理监管，有效降低了跨境电商企业的经营成本并缩短了整体退货时间，更进一步提升了消费者的购物体验。

三、下一步工作思路

按照海关的相关规定，建立退货流程监控体系、商品溯源体系和相关管理制度，与海关信息化监管系统联网，向海关报送满足监管要求的相关数据，接受海关监管，进一步完善跨境电商零售进口退货中心仓模式，畅通退货"最后一公里"，支持跨境电商保税进口业务更好发展。

综合保税区内企业全流程"外发加工"模式

为解决综合保税区内企业产能不足的问题，中国（安徽）自由贸易试验区合肥片区试点综合保税区内企业全流程"外发加工"新模式，允许综合保税区内企业将整个产品的组装加工流程委托给自贸试验区内综合保税区外的企业,支持综合保税区企业扩大产能。

一、主要做法

(一)优化加工贸易监管。

升级改进以企业信用为基础的加工贸易监管方式。综合保税区内企业需要将模具、原材料、半成品等运往区外进行加工的,应当在开展外发加工前,凭承揽加工合同或者协议、区内企业签章确认的承揽企业生产能力状况等材料,向综合保税区主管海关办理外发加工手续。企业根据外发业务量提供足额保函。委托区外企业加工的期限不得超过合同或者协议有效期,加工完毕后的货物应当按期运回综合保税区。在区外开展"外发加工"产生的边角料、废品、残次品、副产品不运回综合保税区的,海关应当按照实际状态征税。

(二)提升海关管理效率。

升级关务系统,实行企业网上备案、主管海关网上核准。综合保税区内企业由金关二期保税监管子系统特殊监管区域模块申请全流程"外发加工"申报表,经审核后,企业按规定做好内部收发货记录。同时,企业根据料件出区、成品返区等实际情况制作出入库单并关联车辆信息制作卡口核放单。申报成功后,车辆凭核放单信息自动抬杆过卡。

(三)提高风险防控能力。

企业申请全流程"外发加工"的产能,不超过合同手册备案数量或电子账册年生产能力的30%;对于"外发加工"货物,企业根据外发业务量提供足额保函,"外发加工"的成品需返回区内企业账册,剩余料件及生产过程中产生的边角料、废品、残次品、副产品等加工贸易货物,可不运回区内。海关建立服务制度,关员定期赴综合保税区内企业指导办理全流程"外发加工"业务,降低事后稽核查企业风险。

二、实践效果

(一)提高企业生产效率,支持企业扩大产能。

在区外开展"外发加工"产生的边角料、废品、残次品、副产品不运回综合保税区的,由海关按照实际状态征税,便利企业生产安排,提高企业出口时效,降低企业物流成本。联宝科技公司位于合肥片区综合保税区内,主要生产Lenovo和ThinkPad系列笔记本电脑。2020年,公司国际订单不断增长,产能明显不足,难以满足市场需求。2020年11月,公司申请试点全流程"外发加工"新模式,综合保税区外第三方承担20%以上的产能,大大缓解了公司产能不足的问题。在减少货物进出综合保税区措施的保障下,联宝科技公司保持满产并节省物流费用约600万元,于当年顺利成为合肥首家营收千亿的企业。

（二）优化海关监管，减轻企业处理剩余料件等负担。

加工环节势必产生剩余料件和边角料、残次品、副产品，若企业仍需运回这些货物，不仅增加企业生产成本和综合保税区内环境成本，同时增加海关监管难度。联宝科技公司全流程"外发加工"承揽企业直接销毁剩余料件，降低了海关监管难度，支持联宝科技公司全力投入产能提升和质量监督工作，减少了企业处理成本和繁杂的申请核销程序。

三、下一步工作思路

继续完善监管模式，优化系统并新增预警功能，与企业诚信管理、大数据监管等系统实现对接，进一步提升新监管模式的工作效率。

进出海关特殊监管区域"无感通关"新模式

中国（安徽）自由贸易试验区探索进出海关特殊监管区域"无感通关"新模式，车辆进出海关特殊监管区域卡口时，根据企业提前申报的报关数据，后台系统自动比对、自动抬杆、自动放行，最大限度减少人工干预，从而实现车辆"无感"过卡，提升通关时效。

一、主要做法

（一）升级数字卡口，自动识别放行。

以合肥经济技术开发区综合保税区为试点，通过需求定制与二次开发，将合肥经济技术开发区综合保税区卡口和场站运抵系统升级改造为数字卡口，应用智能化新设备和数字化新技术，采用AI技术提高箱号与车牌的识别率，物理车牌识别率达到99%以上，车辆过卡时信息比对和电子抬杆业务流程一次性完成，实现进出区车辆"卡口信息自动采集、通道自动触发运抵、系统自动验放、数据自动留存、监管自动留痕"。数字卡口与海关自助终端设备相衔接，企业申请、信息登记、监管接入等并联处理，提升信息集成化、监管数字化、处置智能化水平，最大限度减少人工干预。

（二）自动采集信息，全程实时监控。

一是进区信息自动采集。货车进出区时监控指挥中心自动调取一线货车自口岸入境国内段行驶路线、停留情况、装载货物等信息，以及二线货车货物品名、重量、申报使用单位等信息。

二是区内全程实时监控。对综合保税区内的车辆运行轨迹全过程监控，实时锁定目标车牌车辆位置及画面，对危险化学品车辆通过监控停留时间进行预警，支持进出口综合保税区装载"分送集报"货物车辆管控。

（三）智能分析防控，屏幕告知信息。

采用 AI 分析识别系统，车辆通过卡口时，通道自动触发运抵，信息比对和电子抬杆业务流程一次性完成，并在卡口通道上给予直观的信息提醒，司机可通过卡口大屏得知车辆是否放行以及行进路线，无须人工干涉。

二、实践效果

（一）提升智能化管理水平。

在采用插卡进出的老式卡口模式下，取卡机设备老旧，经常遇到无法吐卡、不能识卡、设备死机等问题，需卡口值守人员现场解决。通过应用智能化新设备和数字化新技术将卡口改造升级，搭建了车辆入关、数据同步、全程监管的新流程，实现了监管流程的二次优化与重构。此外，数字卡口与海关自助终端设备相衔接，企业申请、信息登记、监管接入等并联处理，提升了监管数字化、智能化水平。

（二）实现最大化精准布控。

数字卡口包含智能摄像头、自动识别装置、风险防控设备等终端设备，可以开展更加精准的布控，实现全方位、数字化的及时监管。

（三）实现合理化降本增效。

通过数字卡口扫描进出区车辆车牌，基本无须人工处置，缩减 16 名现场值守人员，极大地优化了人员效能。通过大数据、AI 技术运用，实现自动识别、数据存储、风险防范、问题溯源等功能，强化统一调度与异常情况响应效率。

（四）实现更优化通关时效。

卡口升级为"无感通关"卡口后，实现了货运车辆"卡口信息采集、自动触发运抵、系统自动验放、车辆快速分流"。"无感通关"卡口试运行以来，重车通关平均用时由 58.8 分钟缩短至 5.7 分钟，空车通关平均用时由 17.4 分钟缩短至 1.3 分钟，通关时效提升显著。

三、下一步工作思路

一是加快开发远程值守后台系统，在数字卡口基础上，进一步提升综合保税区监管的智能化数字化水平，升级改造场站、仓库等监管设施，实现综合保税区内数字监管全覆盖。二是争取实现省内海关间企业数据的互通互联互认。

企业集团加工贸易监管模式

中国（安徽）自由贸易试验区合肥片区试点企业集团加工贸易监管改革，改变以单一合同或企业为单元的加工贸易监管模式，以企业集团为单元，以信息化系统为载体，以企业集团经营实际需求为导向，对企业集团实施整体监管。保税货物可以在集团内分、子公司间自主存放、自由流转，对符合料件串换条件的，企业可自行串换，打破集团企业内部保税货物不可流转的局限性，提高集团企业生产效率，促进加工贸易转型发展。

一、主要做法

（一）优化集团内部加工贸易监管方式。

企业集团加工贸易监管模式将同一集团下的多家分、子公司视为一个整体进行监管，成员企业实行一套账册管理。保税货物可在成员企业备案的场所自主存放、相互流转，无须办理海关手续。成员企业保税料件之间、保税料件与非保税料件之间可以自行串换、处置。允许企业先行内销保税货物，并按规定集中办理内销征税手续。

（二）提升海关智慧监管水平。

进一步提高海关关务系统智慧化水平，以物流信息为管理核心，嵌入大数据分析管理方法，精准高效监控集团内部保税货物的进、出、转、用、存、销等货物流数据，确保逻辑链完整、耗料可追溯，增强风险管控能力。

二、实践效果

（一）降低企业集团制度性交易成本。

一般情况下，企业集团内部分、子公司为独立监管单元，每家企业自行预备余量保税货物，需要流转的，视为内销，需办理报关手续并缴纳关税。2020年12月，合力叉车试点企业集团加工贸易监管模式，实现了集团内部生产要素自由流通和资源共享，降低了企业运营成本，且流转无须缴纳关税，降低了企业税负。根据往年费用测算，年节约保税物资占压资金2,000万元、关税50万元。

（二）提高企业生产效率，支持企业更快更好"走出去"。

企业集团内部分、子公司新增订单时，存在保税货物存量不足问题，由于进口等待时间长，无法迅速响应订单，急需向关联公司调配货物。企业集团加工贸易监管模式下保税货物流转免予办理海关手续，合力叉车订单响应时间从3天缩短为0.5天，促进2021年生产效率同比提高10%，带动出口量同比增长30%，支持企业快速扩大国际市场份额。

(三)提升海关风险防控能力和工作效率。

运用信息化系统，对保税货物信息数据高效精准监测，海关根据系统预警信息对企业巡库盘库，提升风险研判能力和防控能力。同时，保税货物自由流转、先销后税，精简了海关工作流程，提升了海关工作效率。

三、下一步工作思路

扩大企业集团加工贸易监管模式跨地区跨关区统一管理，目前试点公司正与宝鸡海关等对接，争取将试点范围由省内集团成员扩大到全国集团成员。

"省内组货+全国通关"市场采购贸易模式

为扩大市场采购贸易政策辐射面、推动国际贸易便利化，中国（安徽）自由贸易试验区蚌埠片区依托中恒蚌埠义乌国际商贸城国家市场采购贸易试点，创新"省内组货+全国通关"模式，市场采购贸易经营者在蚌埠海关申报后可以在省内其他地方进行组货，自主选择在申报地或者商品实际离境地海关办理查验、放行等手续，减少转关手续，提升商品出口便利化水平，进一步增强外贸发展动能。

一、主要做法

(一)创新通关模式，实现组货地就近通关。

市场采购贸易经营者在蚌埠海关申报后可以在省内其他地方进行组货，自主选择在申报地或者商品实际离境地海关办理查验、放行等手续，减少了普通转关模式下商品从仓储地运至采购地海关办理转关的手续，实现了通关"零延时"，同时大大降低物流成本。通过省内区域合作和政策共享机制，建立与省内其他地市产业和贸易协同发展机制，推广该模式的运用，扩大市场采购贸易政策辐射面。

(二)优化监管措施，建立全流程追溯机制。

扩大蚌埠片区市场采购贸易模式试点辐射范围，建立市场采购贸易出口商品溯源管理机制，对出口商品包装、拼箱、进仓、出仓等进行全流程监管，监管仓可视化监管确保出口商品源头可追溯。依托市场采购贸易联网信息平台，建立出口商品质量信息反馈体系，收集、分析各类商品质量信息，不定期进行商品质量抽检，定期召开质量分析通报会，发布质量公告，保障省内组货出口商品质量。

(三)完善服务体系，提供全环节优质服务。

出台涉及商品认定、商品溯源、违规查处、信用评价、出口商品检验、外汇管理、风险防范、知识产权保护等全流程管理办法14个，与《蚌埠中恒商贸城市场采购贸易方式试点工作实施方案》《蚌埠中恒商贸城市场采购贸易综合管理办法》配套实施，形成了"1+1+14"的市场采购贸易政策体系；打造涵盖市场采购贸易各方经营主体备案、商品认定和贸易全流程的联网信息平台以及集行政服务、外贸综合服务、出口商品展示等为一体的线下综合服务平台，为市场采购贸易高质量发展提供有力保障。

二、实践效果

（一）提高市场采购便利度，扩大销售范围。

整合货源市场，为国内无发票、杂碎散的跨境电商小商品开辟了一条便利化、低成本的合规出口新通道。促进省内小商品生产企业通过中恒商贸城参与国际贸易，帮助中小企业将产品卖向全球，实现海内外买家卖家的寻源对接。截至目前，试点累计备案三类主体（供货商、采购商、经营者）310家，实现交易额1.6亿美元。2021年11月，蚌埠俊战商贸有限公司通过市场采购贸易联网信息平台申报17.15万元的货物，在合肥蜀山跨境电商海关监管作业场所内进行组货监装，通过宁波北仑港出口至美国。

（二）拓宽运输渠道，降低运营成本。

省内市场采购贸易参与主体无须在蚌埠设立仓库，在当地即可组货装箱，可以在全国任一出境口岸通关出口，可以不受监管作业场所限制享受国内公路运输、铁海联运、中欧班列等优惠运输方式，极大降低运输及仓储成本。

（三）激发商贸活力，带动区域发展。

市场采购贸易模式为广大没有能力自建外贸体系的中小微企业、家庭作坊提供了共享式的商贸流通和对外贸易大平台，壮大了市场主体队伍，扩大了出口规模，激发了本地商贸活力，促进区域贸易高质量发展。预计到2025年年底，市场采购贸易模式试点将实现市场主体2万户以上，集聚各类外贸服务机构100户以上，年交易额将突破300亿元，年出口额将达80亿元，初步形成内外贸一体化的区域性国际贸易中心。

三、下一步工作思路

下一步，蚌埠片区将紧抓外贸新业态新模式发展机遇，引导供货商利用跨境电商开拓国际市场，利用市场采购贸易模式出口商品。积极培育引进外贸综合服务企业，服务本地中小企业开展进出口业务，同时叠加市场采购贸易政策优势扩大出口，建设具有蚌埠特色、服务全省、辐射全国的市场采购贸易体系。

跨境电商特殊区域出口海外仓（1210）模式

中国（安徽）自由贸易试验区合肥经济技术开发区综合保税区率先开通跨境电商特殊区域出口海外仓（1210）模式，跨境电商企业实现"企业—综合保税区—海外仓"出口货物批量化操作，并可享受入区即退税政策，大幅提升企业物流效率和资金周转效率，助力传统贸易企业向跨境电商零售转型，加速推动合肥品牌"走出去"，加快构建国内国际双循环新发展格局。

一、主要做法

（一）构建海关信用监管体系。

以企业信用为基础，海关严格企业认证标准，积极支持优质高信用企业加速"走出去"，鼓励企业通过建设海外仓布局境外物流体系、拓展海外市场，积极辅导企业备案海外仓。以具备良好资信、建有退货商品流程监管体系的出口商为试点企业，由庐州海关积极开展帮扶指导，推进跨境电商特殊区域出口海外仓（1210）模式试点工作。

（二）实现货物批量入区再集货出口。

综合保税区外试点企业将商品批量出口至综合保税区，海关对其实行账册管理，企业在综合保税区内完成理货、拼箱后，出口至已备案的海外仓，通过电子商务平台完成零售后再将商品从海外仓送达境外消费者。该模式是海关特殊监管区域为跨境电商企业出口量身定制的业务模式，加速助力企业拓展海外零售市场。

（三）打通跨境电商出口退换货渠道。

打通跨境电商出口商品退货业务流程，对于满足条件的跨境电商退货商品，由所属企业通过国际贸易"单一窗口"向海关申报保税核注清单，根据保税核注清单数据归并生成进口报关单/进境备案清单。出口海外仓的商品退货在海关查验环节享有优先权。对于退回保税区后需复运出境的，企业须按照海关特殊监管区域管理规定办理进境入区手续，在区内对退货商品在保税状态下进行仓储、分拣打包、加贴标签及运单等处置并复运出境。

（四）进一步优化海关监管流程。

庐州海关改变以往需要完成出口并获得报关单、销售合同、出口发票等资料的要求，对试点企业批量出口至综合保税区内的商品，入区后立即予以办理退税手续。提前理顺、打通业务流程，一天内完成账册建立、核注清单录入和生成、核放单核扣、出口报关单和出口备案单审核和核放等工作，大幅压缩海关审批时间，强化人员协同，提高审批效率。

二、实践效果

（一）入区即退税，减轻企业资金压力。

海关给予企业入区即退税政策，将企业退税时间缩短一个月以上，企业可立即回笼10%左右资金，大幅提升企业资金周转效率。同时，该模式推动企业实现了从单纯的出口商向"出口+零售商"的转变。企业自行出口商品至海外仓并通过电子商务平台完成零售后送达消费者，减少国外中间商环节，利润率提高5%左右。

（二）集拼式出口，提高企业出口效率。

货物采取批量入区、集拼出口方式，企业无须多次办理海关手续，大幅提高企业物流效率，降低人力成本、物流成本。合肥经济技术开发区综合保税区内重点企业联宝科技首家试点跨境电商特殊区域出口海外仓（1210）模式，企业货物批量出口至综合保税区后，立即批量出口至海外仓，出口时间由3天左右缩短至1天。截至目前，企业已试点2票货物，货值合计85.6万美元。

（三）退换货保障，助力企业拓展海外市场。

完善跨境电商特殊区域出口海外仓退换货渠道，保障跨境商品"出得去，退得回"，解决企业跨境零售的后顾之忧，优化消费者在跨境电商模式下的购物体验。通过关企双方协同合作挖掘跨境电商价值潜力，解决跨境电商出口退货不顺畅的问题，共同推动跨境电商行业健康发展，促进外贸新增长。

（四）模式全覆盖，推动跨境电商提速发展。

随着该模式的落地，合肥经济技术开发区综合保税区实现跨境出口4种业务模式全覆盖，集聚了考拉海购、菜鸟国际、孩子王、拼多多等一批知名平台和关联企业。积极引导企业用好综合保税区优惠政策、用足跨境电商政策红利，积极推动传统外贸企业转型"触网"，通过跨境电商助力品牌"出海"，实现本地商品"货通全球"，不断培育跨境电商全产业链和生态圈。

三、下一步工作思路

加速推广跨境电商特殊区域出口海外仓（1210）模式服务范围，支持智能家电、智能可穿戴设备等企业设立出口海外仓，从而实现批量快速出口，不断扩大国际市场份额。加强政策宣传，引导传统外贸企业利用跨境电商平台拓展海外市场，惠及更多本区及周边中小微企业。全面提升监管模式创新、丰富跨境电商业态、强化服务集成，实现跨境电商业务的进一步发展。

"船边直提""抵港直装"作业监管模式

为进一步贯彻落实党中央、国务院关于优化口岸营商环境促进跨境贸易便利化工作的决策部署，中国（安徽）自由贸易试验区全面实施进口"船边直提"和出口"抵港直装"作业监管模式。该模式下：企业根据自身生产计划与码头预约抵港时间海关实行嵌入式监管，使海关申报、关税、查验、舱单、运输工具等监管与港口装卸安排、车辆调度、机力调配、闸口管理等作业精准对接，企业在船边直接装卸货物，提高货物装卸效率。

一、主要做法

（一）依据船舶抵港时间"提前申报"。

一般情况下，进口货物"提前申报"应于装载货物的进境运输工具启运后、运抵海关监管场所前向海关申报；出口货物"提前申报"应于货物运抵海关监管场所前3日内向海关申报。对于一般信用等级以上企业，经合肥海关批准，可以实行"船边直提""抵港直装"作业监管模式，允许企业进出口货物时在取得提（运）单或载货清单（舱单）数据后，由货运代理企业在船舶靠泊作业前（出口货物在集装箱进港前）提出具体作业需求，将"提前申报"时间再度提前到货物装卸前2小时内，企业利用此段时间办理报关申报、单证审核、税款缴纳等手续，海关受理后快速完成审核。

（二）调整海关监管场所实施船边查验。

在传统作业模式下，码头堆场是海关监管场所，出口货物需先卸至码头堆场，待海关查验并且船舶抵港后，再转至码头前沿装船；进口货物需卸船后转运至码头堆场，待海关查验后，重新装车运至企业。在"船边直提""抵港直装"作业监管模式下，将码头岸边作为海关监管场所，海关按照企业预约时间安排关员到船边现场监管。承运进口货物船舶抵港后，无须海关查验的货物即可放行，进口企业车辆可从船边直接接卸、提货，实现"船边直提"；承运出口货物船舶抵港时，海关验放完毕的货物即可直接装船，实现"抵港直装"。

二、实践效果

（一）提高企业通关效率。

原先企业通过合肥港进口货物通关、装卸一般需要8~11小时，出口货物通关、装卸一般需要5~7小时。双维伊士曼公司首家试点"船边直提"作业监管模式，庐州海关根据预约时间，安排关员到现场查验，卸货运离港口仅用时12分钟；合力进出口公司首家试点"抵港直装"作业监管模式，货物装船10分钟完成，从工厂到装船仅用时2小时。港口处于国际国内物流链的结合部，"抵港直装""船边直提"通过水陆无缝对接，实现了企业仓库与港口作业间货物"零延迟、零等待"，大大提升了企业通关效率。

（二）提高船舶运输效率。

原先船公司需在港口等待企业货物查验，多家企业集拼发货时，停靠时间可长达3~5天，严重拖延下游抵港时间，影响船公司的运行安排和船舶使用效率。在"抵港直装""船边直提"作业监管模式下，船舶可实现即停即走，大大提高了运输效率，提高了同时段内船舶运行频率，增加了船公司收益。

（三）降低码头库存压力和企业物流成本。

对于较小的集装箱堆场，"船边直提""抵港直装"作业监管模式下无须在堆场卸货，有效减轻了港口码头堆存压力。同时，企业减少了多次装卸的物流费用和人力成本，平均每标箱节省1,000元。

三、下一步工作思路

目前，"抵港直装""船边直提"作业监管模式尚无相关系统支撑，存在进口转关单无法自动核销、提前申报报关单无法自动放行等问题。未来将进一步完善海关关务系统，优化作业流程，不断提升通关便利化水平。同时，选取符合条件的企业和货物进行推广运用，对于需要快速通关的危险化学品、鲜活冷冻商品等实施"船边直提""抵港直装"作业监管模式。

内陆区港联动监管一体化新模式

针对内陆地区综合保税区外贸物流成本高、通关效率低的问题，中国（安徽）自由贸易试验区芜湖片区探索实施内陆区港联动监管一体化新模式，结合综合保税区的政策优势和港口的区位优势，延伸综合保税区功能，允许综合保税区内企业利用芜湖港水路运输外贸进出口货物，为加快内陆地区综合保税区高质量发展、深入推进全国通关一体化改革探索了更多经验。

一、主要做法

（一）芜湖综合保税区功能延伸，畅通外贸水运物流通道。

内陆区港联动监管一体化模式实施以前，芜湖综合保税区内企业只能将外贸进出口货物通过公路运输来往上海、南京、宁波等直接进出境口岸，运输成本高、效率低。而芜湖港由于直航船较少，并非直接进出境口岸，大多数多式联运的货物要通过上海、南京、宁波等主要港口中转，按照现有业务逻辑，综合保税区内企业无法通过芜湖港水路运输中转外贸进出口货物。为畅通综合保税区物流渠道、减轻企业负担，芜湖海关打通芜湖港水运进出物流通道，允许综合保税区内企业利用芜湖港将外贸进出口货物通过水路运输至上海、南京、宁波等直接进出境口岸，降低运输成本、提高运输效率。同时，优化海关工作流程，在综合保税区与芜湖港开展统一监管，进出货物涉及查验的，均在芜湖港实施；进口货物同时被命中口岸事中查验和目的地事中查验指令的，经企业申请，可以在芜湖港一次性实施。

（二）叠加通关便利化政策，优化海关业务流程。

按照全国通关一体化的业务逻辑，在确保监管到位的前提下，叠加多项便利化政策，设计正常入区、先入区后报关、正常出区、先出区后报关4种业务流程。在入区环节叠加"两步申报"等创新监管举措，允许企业凭概要申报先行提货入区，14日内完成完整申报；在出区环节叠加"先出区后报关"等创新监管举措，允许企业凭核放单先行将货物运输出区，并自主选择运抵申报或提前申报。

（三）建立区港联动风险防控体系，强化正面监管。

组织通关、监管、保税等多部门联合开展风险分析，结合全国通关一体化改革以来查发情事，反复推敲，寻找风险点，加强正面监管，做到风险可控。一是开展进出区车辆抽查，设置随机抽查比例，针对进出区车辆开展抽查，加强正面监管，防控"综合保税区—港口"区外路段途中运输风险；二是加大账册中后期管理力度，加大区内企业特别是物流企业账册中后期管理力度，通过盘库、中期核查、定期核销等多种方式，监控企业运行情况，敦促企业守法经营；三是利用信息化手段开展日常监控，利用信息化辅助管理系统，针对核放单进出卡时间、超期未报关核放单等情况进行监控，发现异常情况向海关人员预警，针对异常情况及时处置。

二、实践效果

（一）提升物流运转效率，降低外贸企业物流成本。

该模式在综合保税区和芜湖港之间开辟了直达的绿色通道，综合保税区内企业利用芜湖港水路运输外贸进出口货物时，可以充分利用综合保税区在税收、海关监管等方面的政策优势与港口在航运、指泊、装卸等交通便利的区位优势，免去转关手续，进一步节省运费、提高时效，极大地提升了芜湖综合保税区物流运转效率，降低了外贸企业物流成本。经测算，相比公路运输，内陆区港联动监管一体化模式下，每个集装箱可节省物流费用约2,000元，仅2020年一年，该模式为区内企业节省物流费用约2,000万元。

（二）拓展物流渠道，提升外贸进出口企业服务水平。

该模式拓展了芜湖综合保税区外贸物流渠道，解决了此前外贸货物经公路运输进出区的成本高、效率低等问题，更加有利于充分发挥芜湖综合保税区的各种特殊功能，为芜湖市外贸企业赋能。该模式实施以来，芜湖市主要外贸进出口企业，如奇瑞、美智、三只松鼠等，更好地利用了综合保税区保税物流或保税加工功能，降低了企业经营成本，减轻了企业负担，提升了企业市场竞争力，促进了外向型经济发展。

三、下一步工作思路

借鉴新加坡的"一站式"电子通关系统，由港口、物流企业、综合保税区以及芜宣机场、航空公司、快递公司等企业共同建立具有交互模式的芜湖外贸货物物流平台，实施海关一体化监管，推动空港、水港、综合保税区联动发展。

（撰稿单位：口岸监管处、稽查处）

推深做实"全随机"工作法

2021年，为持续推动基层党建工作高质量发展，合肥海关认真落实总署党委工作部署，聚焦基层党建难题，积极探索"全随机"法，增强党建热度、提升党员学习活动参与感、提高组织生活质量，推动全体党员学在平常、做在日常、思在经常，营造"我是党员我来讲、我是党员我来干、我是党员我争先"的良好氛围。2021年12月20日，总署办公厅刊发《合肥海关创新运用"全随机"法持续增强基层党建热力》，供各海关单位参考借鉴。该工作法入选全国海关基层党建首批创新案例。

一、探索创新，激发基层组织内生动力

（一）以"全覆盖"推进"全随机"。

参与范围实现"全覆盖"，按照"人人参与、人人接受检验"的理念，无论是党委委员、各部门各单位班子成员还是普通党员，全部纳入"全随机"名单库，无一例外、不搞特殊。活动要求做到"两明确"，明确活动主题和要求，对不同层级的党员提出不同的研讨重点和要求，做到学有方向、思有导向。展示方式实行"全随机"，通过随机抽取发言人、点评人和展现方式，检验在个人自学、集中研讨、解决问题、推动工作等方面的学习思考和实际成效，并倡导自荐发言和深度解读。

（二）坚持"三个统一"赋予"全随机"新内涵。

坚持内因和外因的辩证统一。发挥外因倒逼作用，激发党员个体的积极性、主动性，实现由压力到动力的转变。坚持组织主导性和党员主体性的统一。党组织通过明确主题、明确要求，把握总体方向，党员为追求集体荣誉感和个人美誉度，必须功夫用在日常。坚持确定性和不确定性的统一。学习的主题、内容和要求是确定的，但主体发言人和展示方式是不确定的，促使人人提前学、主动学、思考学，防止学与不学一个样。

二、规范实施，确保应用实现最佳效果

（一）事前建好两库。

建立目标数据库，将各项活动需要实现的目标及展现方式纳入数据库；建立全

体人员数据库，按照党员领导干部、普通党员、执法一线科长等进行分类，并根据人员变动情况进行实时调整和更新。

（二）事中走好四步。

随机发言，针对某项议题，通过目标数据库随机抽取主体目标和展现方式，并从全体人员数据库中随机抽取部分党员发言。随机追问，党员发言结束后，主持人随机对党员提出问题。随机点评，抽取参会的其他党员围绕是否紧密结合议题、表达是否完整清晰、有无错漏、是否有独特观点等方面进行点评，并可补充说明。提倡毛遂自荐，鼓励未被抽中的党员主动自荐发言。

（三）事后做好总结。

首先随机抽取党员对本次学习或活动进行小结，并可提出意见和建议；其次由分管关领导进行点评；最后由主要负责同志做总结。

三、用好用活，开创基层党建崭新局面

（一）打造一个讲堂，变"一人说"为"大家谈"。

以"交流、促进、提升"为主旨开设"江淮合韵"讲堂，运用"全随机"法为关区党员干部搭建展示分享、互动探讨的学习交流平台。讲堂开设以来，已开展16期，150余名领导干部、党支部书记和普通党员登上讲台阐述学习心得、讲述支部建设做法成效。党员的积极性主动性大幅提升，理论学习的深度广度不断拓宽，党员的表达水平显著提高，学思践悟的成效持续显现。

（二）实施两类争创，变"独角戏"为"大合唱"。

开展"党员争做先锋、党支部争筑战斗堡垒、创建模范机关"行动，以"全随机"法展现支部建设成效和党员先锋风采，在关区营造"我是党员我来讲、我是党员我来干、我是党员我争先"的良好氛围。活动开展以来，共征求提升"四强"党支部建设质量"金点子""好主意"29个，完成以破解党建业务"两张皮"、机关党建"灯下黑"等为题的"书记项目"课题攻坚17个，聚焦"围绕中心、建设队伍、服务群众"等3个组别，征集党建创新案例22个，评出支部学习标兵61个。近2年共有32名个人、16个集体荣获省部级以上表彰；5个支部被总署授予"基层党建示范品牌"和"基层党建培育品牌"，1个支部入选"领航"计划省级培育库和省直机关示范库。

（三）力促三项提升，变"打酱油"为"总动员"。

通过运用"全随机"法，有效推动广大党员干部在学思践悟中提升履职能力、在知行合一中担当责任使命，实现了学用结合的良性循环。一是以学促思的意识更加强烈。党员一致评价，"全随机"法激发每一个细胞投入学习领悟中，提高了学习的劲头和质量，改变了简单读、浅显想

的习惯。二是以思促干的行动更加有力。许多党员表示,现在学习是带着知识和问题来,带着答案和体会走,思路更开阔,收获也更多。三是以干促进的效果更加显著。党员普遍表示,通过"全随机"法,一改以往"围观群众"的心态、懒散随意的状态,现在全程保持精神集中,力求在随机展示中充分展现自己的学习成果。经过"全随机"法的日常实践锻炼,普通党员的口头表达能力、逻辑思维能力和应变能力普遍提高,过去每逢公开场合发言总是畏首畏尾、词不达意,现在有的放矢、侃侃而谈、言之有物的情况越来越多,关区干部队伍整体素质得到提升,精神面貌焕然一新。

(撰稿单位:机关党办)

以新时代"枫桥经验"多元化解行政争议

2021年，合肥海关积极贯彻落实习近平法治思想，持续深化"我为群众办实事"实践活动，从化解方法、化解渠道、化解能力上多维发力，探索实施"三不"工作法，紧盯"三个环节"，培养"三方力量"，促进行政争议实质化解，规范一线行政执法行为，疏导行政相对人抵触情绪，让新时代"枫桥经验"在基层海关开花结果。

一、从化解方法上探索"三不"工作法，突出刚柔并济

坚定执法为民"不敷衍"。开展以"畅联企业、畅通口岸、畅优服务"为主题的"访百企、解难题"专项活动，以"走出去"和"请进来"相结合的方式与242家企业开展面对面交流，对于交流中企业提到的问题，可以当场解决的立即解决，不能当场解决的3个工作日内提出解决方案并向企业反馈，活动开展以来已解决企业堵点痛点难点问题251个。坚持化解矛盾"不放弃"。在面对可能激化矛盾的个案时，迅速预警并根据个案情况成立信访工作专班，利用专班成员各方面优势，和风细雨化解矛盾。坚守法治底线"不退让"。对一些思想认识存在误区、超出法律政策允许范围胡搅蛮缠、无理取闹的行政相对人，旗帜鲜明地表明海关执法的立场和态度，严格执行执法全过程记录制度，对于容易引发争议的行政执法进行全过程音像记录，做到"拿证据说话"，牢牢守住执法底线。

二、在化解渠道中紧盯"三个环节"，叠加共情能力

盯紧"事前"抓认同，依靠群众发动群众，针对旅检、邮递等渠道携带货币、检疫物、违禁品等常见争议案件制作8个普法作品在执法现场、官方公众号等渠道发布，尽可能拓宽公众对海关执法的认同。盯准"事中"抓共情。基层海关设立法治调解工作室，配备供当事人与值班科长能够面对面坐下来平等交流的设施，通过营造静心、暖心、贴心的空间，消除旅客的对立情绪，最大限度做到"矛盾不上交，事情不过夜"。盯好"事后"抓复盘。在事后对信访投诉、复议应诉等案件的整个处置流程进行复盘，排查是否有执法疏漏或管理风险，做到不遮掩、不护短，以问题为导向，在完善制度、规范执法、防范风险、普法宣传等方面有针对性地加以改进，并编写4辑《案说法理　知往鉴今》，引导执法一线举一反三解决同类问题，达到"治未病"的效果。2021年以来，本关旅检、邮办现场的投诉问题实现100%主动撤销。

三、在化解能力上培养"三方力量"，协同化解矛盾

强健"基层哨点"力量。在隶属海关设置法治专岗"哨点"，关注收集矛盾焦点问题。机关法制专业人员注重加强与基层执法一线法治专岗的"点对点"互动，第一时间指导基层海关做好释法说理和主动纠错。强劲"业务专家"力量。建立跨部门专家业务磋商机制，对有一定敏感度的案件开展"头脑风暴"，联合研判执法风险，联动清除执法障碍，攻克海关执法疑难问题16件，及时、高效地把行政争议防范在前端、解决在基层、化解在海关内部。强化"公职律师"力量。建立公职律师对口服务隶属海关机制，整合关区20名公职律师人才资源，为隶属海关行政处罚、行政争议解决提供辅助决策，并推动公职律师列席重大事项讨论会议机制，对17个隶属海关55起案件提前介入、审核把关，提出法律意见建议166个，确保依法行政，将风险降低在前端。

（撰稿单位：法规处）

定点帮扶及推动乡村振兴工作

2021年,合肥海关进一步深入学习贯彻习近平总书记关于乡村振兴的重要指示批示精神,坚决贯彻落实省委、省政府关于乡村振兴工作的各项决策部署,坚定决心不松劲,保持恒心不懈怠,合全关之力,圆满完成所承担舒城县杭埠镇姜湾村、霍山县诸佛庵镇大干涧村的定点帮扶目标任务。在省直单位定点扶贫工作成效考核中获评第一档次"好",第七批驻村帮扶干部中有4人在任期考核中获得"优秀"等次,1人被评为安徽省脱贫攻坚先进个人,驻临泉县杨营村扶贫工作队被评为安徽省脱贫攻坚先进集体。

一、突出政治责任,加强组织领导

合肥海关党委高度重视定点帮扶工作,全年通过召开党委会、定点帮扶工作座谈会、现场会等形式,专题研究定点帮扶工作9次,听取帮扶干部的专项汇报4次。党委主要负责同志及班子成员先后4次到定点帮扶县和定点帮扶村开展调研考察,现场指导帮扶村拟定产业项目发展规划。成立乡村振兴工作领导小组,确定机关党委(政工办)作为牵头部门。2021年6月召开脱贫攻坚与乡村振兴衔接工作总结动员座谈会,启动第八批驻村帮扶工作。

二、发挥人才优势,选派优秀干部驻村

精心选派政治素质好、责任心强的同志驻村,其中驻姜湾村乡村振兴工作队成员1人、驻大干涧村帮扶工作队成员1人,2名同志均担任队长、第一书记。在2021年抗疫、抗灾期间,帮扶干部充分发挥先锋模范作用,始终坚守前线,保障群众特别是脱贫群众的生命财产安全。关党委定期对帮扶干部走访慰问,安排保健中心免费为帮扶干部体检,严格按标准发放帮扶干部生活补助和交通费。截至年底,两个村的年度帮扶计划均已全部完成。

三、突出职能发挥,巩固脱贫攻坚成果

在金寨县,助力建立大湾村茶叶出口

基地,并向大湾村捐赠价值25万元的制茶设备。在临泉县,全年助力临泉县出口脱水菜2,964批,价值8,524万元。在舒城县,全年快速验放竹木草产品2,011批次,金额5,883.42万美元;食品439批次,金额1,421.92万美元;羽绒羽毛产品242批次,金额2,605.47万美元;锂电池产品53批次,价值突破3,000万元。在霍山县,全年快速验放霍山县竹木草产品355批次,金额1,303.8万美元;食品21批次,金额220.46万美元;羽绒羽毛产品217批次,金额1,225.52万美元。充分发挥机关各处室党支部力量,形成支部与脱贫户"一对一"结对帮扶形式。2021年,合肥海关及其隶属海关共捐赠儿童读物1,500多元,捐赠生活物资10,000元,支持村集体经济2.52万元。

四、强化党建引领,提升村两委组织力和战斗力

结合党史学习教育,会商共抓党建工作。以"三会一课"为抓手,深入贯彻习近平总书记关于乡村振兴的重要指示批示精神,把好政治方向;以推深做实主题党日活动为抓手,切实把党的组织生活制度落到实处;以制度建设为抓手,帮助村两委制定标准、规范制度,推动党支部标准化规范化建设。以夯实基层党组织和党员队伍建设为抓手,协助做好村两委换届,为村两委补充新鲜血液。以支部共建为抓手,合肥海关政工办党支部与姜湾村党支部签订党建联盟协议书,为姜湾村提供产业咨询、法律顾问等服务。

(撰稿单位:机关党办)

第三篇

党的建设

党建工作

【思想政治建设】2021年，合肥海关深入学习贯彻习近平新时代中国特色社会主义思想，扎实开展党史学习教育、十九届六中全会学习教育，认真组织庆祝中国共产党成立100周年系列活动，做到旗帜鲜明讲政治，在对标对表中铸牢忠诚、在精神洗礼中坚守初心。不折不扣执行"第一议题"制度，党委集体学习习近平总书记重要指示批示精神62篇次，组织理论学习中心组学习21次，举办专题培训班、读书班6期，确保习近平总书记重要指示批示精神一贯到底。用好安徽81个红色教育基地，打造"行走的课堂"，赓续红色血脉，汲取智慧力量。"全随机"法入选全国海关基层党建首批创新案例。

【基层组织建设】2021年，合肥海关健全完善党委委员基层党支部联系点制度。持续推进"支部建在科上"，基层科室3人以上党员的全部成立党支部，关区党支部共计106个。组织关区基层党务干部进行专题培训，落实党员干部轮学制度。指导审核发展8名党员。围绕破解"两张皮""灯下黑"等问题，实施"书记项目"18个；聚焦"围绕中心、建设队伍、服务群众"征集党建创新案例22个。建立健全党支部述学评学机制，扎实推进"强基提质工程"，召开关区基层党支部高质量发展推进会，评选第三批"四强"党支部6个。5个全国海关基层党建示范（培育）品牌经过总署复核，离退休干部第一党支部获评省离退休干部职工示范党支部。

【党风廉政建设】2021年，合肥海关细化分解全面从严治党重点工作任务67项，制定《合肥海关党委落实中共中央关于加强对"一把手"和领导班子监督的意见》任务清单70条，宣讲解读总署党委《深入治理违反中央八项规定精神突出问题进一步推进清廉海关建设的若干措施》，细化重点任务清单52项。开展警示教育月活动，编制下发《警钟长鸣 警示教育百部典型案例集》和49部警示教育视频，制作"基层书记组长谈责任"视频访谈15个，其中阜阳海关、宣城海关书记谈责任视频获总署政工办网站采用。组织61名处、科级领导干部参加任前廉政教育和考试,开展处、科级及以下干部配偶、子女及其配偶从业情况自查、申报和抽核。做好3起党纪处分决定执行工作,检查指导督促深化开展以案促改。

【作风制度建设】2021年,合肥海关开展"推绕拖""懒散浮"专项整治,累计查摆问题341个。开展"严纪律强作风树形象"深化内务规范强化月系列活动,探索一线窗口内务规范标准化管理试点,组织窗口单位开展互查互学,组织内务规范及效能工作培训,组织内务规范教督员和国旗护卫队集中队列训练,常态化开展内务规范督察和纪律作风效能检查17次,针对关区会议中频频看手机等不良现象开展会风专项督查,对12个隶属海关"一把手"下发核查整改提醒。合肥海关连续10年获评中央驻皖单位效能建设考核先进单位。

(撰稿单位:机关党委)

巡视巡察

【巡视工作】 2021年，合肥海关落实中长期巡视整改5项工作机制和19项具体工作任务，建立长期整改阶段的定期汇报会商机制，全年召开6次相关会议，研究部署巡视整改工作。全部整改完成125项措施，其中3项长期整改措施"销号不销账"，持续落实。巡视移交的4件问题线索全部办结。对照2021年总署党委第一轮巡视发现的共性问题开展"未巡先改、强基提质"自查整改专项活动，整改问题114个。推荐5名同志参加总署党委常规巡视。

【巡察工作】 2021年，合肥海关加强基础建设，更新关区巡察组长库和干部人才库；制定《合肥海关党委关于加强联动协作提升巡察工作质效的意见》，修订巡察工作8项制度，完善巡察办与人事教育处、监察室、督察内审处的协作配合机制。推动巡察监督全覆盖，探索巡察与领导干部离任审计联动式监督，围绕"三个聚焦"对阜阳海关、亳州海关、淮南海关、淮北海关4个隶属海关党委开展常规巡察，发现问题137个；分两批对合肥海关机关19个内设机构全覆盖开展"政治机关建设"专项巡察，发现问题184个；压实整改责任，对庐州海关、芜湖海关党委巡察整改情况开展监督检查评估；对关区17个隶属海关、4个事业单位完成巡回宣讲覆盖，推动未巡先改；建立"新官旧官"协同整改机制，推动"新官""旧官"共同落实整改责任。

（撰稿单位：机关党委）

纪检监察

【监督检查】 2021年，合肥海关制定《合肥海关纪检监察机构加强对"一把手"和领导班子监督的实施意见》，聚焦"关键少数"强化政治监督，督促落实习近平总书记重要指示批示精神和党中央各项决策部署。开展新冠肺炎疫情防控监督检查203次，发现并督促整改问题114项。深化"现场监管与外勤执法权力寻租"专项整治，组织813人进行个人事项申报并开展逐一谈话，推动查找廉政风险点66个，制修订规章制度8项，完善作业流程45项。紧盯关键领域、坚守关键节点强化日常监督，制发节日廉政提醒、开展警示教育3次，开展监督检查54次，深入9个基层单位开展监督调研，严防"四风"反弹回潮。促进党委各派驻纪检组强化监督"探头"作用，建立派驻纪检组工作考核办法，以考核压力倒逼责任落实。

【执纪问责】 2021年，合肥海关坚持严的主基调，推动执纪问责力度更大、震慑更足。处置问题线索26个，办理违纪案件5件，问责2人，给予1人党纪重处分，给予2人党纪轻处分。坚持抓早抓小，紧盯"四风"等苗头性倾向性问题，运用诫勉、提醒等"第一种形态"处理54人。深入开展以案促改，制发身边典型案例通报3份，对22人通报曝光，制发监督建议书及纪律检查建议书17份，推动问题长效整改。加强执纪问责相关制度建设，修订《中共合肥海关委员会关于运用监督执纪"四种形态"的实施办法》《合肥海关党委纪检组开展廉政工作谈话、约谈和问责工作实施办法》等5项制度。注重统一"三个效果"，对1起多头越级不实信访举报问题进行专题分析，引导关员正确行使检举控告权；对1名受处分人员开展回访教育，帮助放下思想包袱，体现纪律温度。

（撰稿单位：监察室）

队伍管理

【机构编制管理】 2021年，合肥海关完成综合业务处、企业管理和稽查处"三定"工作，对口岸监管处内设科室、人员编制进行调整；调整派驻纪检组派驻单位；调整庐州海关内设机构设置；批复成立庐州海关驻邮局办事处。结合巡视问题整改要求，调整隶属海关编制配备；按照调整情况，制订关区职级职数调整方案，并经总署审批通过。严格在空编范围内，组织开展公务员招录和事业单位公开招聘工作；以全国机构编制核查工作为契机，全面排查关区机构编制管理方面存在的问题，并开展整改。

【干部人事管理】 2021年，合肥海关做细做实领导干部个人有关事项申报、查核工作，将个人有关事项如实报告率纳入年度量化考核。着力降低不如实申报率，多次开展填报辅导，按照10%的比例开展随机抽查工作，2021年不如实申报率为3.4%。加强关区干部职工因私出国（境）管理监督，印发《关于进一步加强关区干部职工因私出国（境）管理监督工作的通知》，进一步规范备案人员范围、备案责任单位以及审批权限和流程。全面推进客观指标考核工作，修订《合肥海关年度客观指标考核实施办法（试行）》，进一步压实责任、规范流程；明确113项考核指标的归口管理部门，持续推进压力传导，牵头组织各归口管理部门细化制定124项对隶属海关的考核指标。组织指标考核自查，机关发现存在问题115项，制定整改推进举措153项，各隶属海关发现存在问题602项，有针对性地制定整改推进举措826项，持续补短板、扬优势。开展清理干部企业兼职工作，对关区副处级及以上领导干部，四级调研员及以上相当层次的职级公务员，事业单位管理五、六级职员在高校、科研院所兼职情况进行排查。清理3名在企业兼职的干部。开展选人用人监督检查，发现4个隶属海关干部选拔任用、监督管理等各类问题12个。

【队伍建设】 2021年，合肥海关完成10名公务员面试、体检、考察及备案报到工作；组织完成年度所属事业单位公开招聘工作，招聘人员12名。做好2022年公务员招录计划及18个招录计划资格审查工作，1,160人通过资格审核。全年合计选任处级领导干部和事业单位五、六级职员18名，选任科级领导干部43名。优化领导班子结构，有针对性地安排跨领域、跨部门、跨岗位交流任职，调整处级领导干部和事业单位五、六级职员共计55名。加强执法一线科长队伍建设，提拔执法一线科长7名；现有35岁左右执法一线科长14名；执法一线科长空缺率下降6个百分点；提拔任用及年度考核向执法一线科长倾斜，2021年考核优秀的执法一线科长23名，占比为43.3%。稳步推进三类公务员队伍建设，完成纳入专业技术类公务员范围的33名人员职级套转；做好专业技术类公务员任职资格申报、评定工作。事业单位改革落实法人自主权，完成岗位设置及首聘工作，厘清人员工资关系、管理模式及责任单位，规划绩效工资实施。

【教育培训】2021年，合肥海关对学时学分考核要求、获取方式及规则进行重点提示，并将培训情况计入个人平时考核，与考核等次挂钩。803名纳入考核的干部学时学分100%达标。把握重点，采用线下集中办班、线上线下相结合的形式，先后分两批组织关区210名处级干部完成党的十九届五中全会精神暨党史学习教育培训。全面覆盖，全年集中调训19期，督导完成网上专题培训45期，参训3,682人次。落实要求，持续推进动植物检疫、卫生检疫、食品安全等一线岗位资质149人次报考培训工作，完成10名新录用公务员初任培训各环节工作。

（撰稿单位：人事教育处）

离退休干部工作

【离退休干部党建工作】2021年，合肥海关组织4个离退休干部党支部的支委召开党史学习教育推进会，传达学习习近平总书记在党史学习教育动员大会上的重要讲话精神。通过线上线下相结合、课堂现场相交融的方式开展党史学习活动，利用微信群交流学习体会和感悟。组织老党员谈入党的心路历程，谈学习党史的感受，谈建党百年的成就，自觉学史明理、学史增信、学史崇德、学史力行。31名老党员荣获"光荣在党50年"纪念章。组织2期离退休干部党支部支委党务知识培训。中国共产党成立100周年前夕，离退休干部第一党支部被命名为"安徽省离退休干部职工示范党支部"，1名同志被授予"安徽省脱贫攻坚先进个人"称号，3名同志被评为2021年"合肥海关优秀共产党员"。

【离退休干部服务管理】2021年，合肥海关落实重大节日由关领导带队走访看望老党员、老干部和生活困难党员制度。统筹安排离退休人员年度健康体检、报刊征订、医药费报销等工作。科学做好常态化疫情防控工作，引导老同志科学接种疫苗，保持良好的卫生习惯，增强自我防护意识。举办中医诊疗讲座，关注老同志健康。推广"智慧银海"服务管理平台，及时更新离退休干部个人信息数据。利用平台做好老同志生日祝福、出院回访以及高龄、特困老同志生活照顾等工作。认真落实合肥海关离退休干部工作管理等相关制度，对离休干部采取"一对一"服务。关注空巢、独居、特殊困难的老同志，与他们随时保持联系，为他们解决生活急需。协助去世人员家属做好丧葬抚恤工作，传递组织关怀。

【离退休干部文化活动】2021年，合肥海关以"我看建党百年新成就"为主题，组织离退休干部党支部分别从海关的发展、城市的发展、海关脱贫帮扶村的发展和外贸企业的发展等方面开展调研活动。发挥老干部活动室和老年大学两个阵地作用，鼓励老同志选报自己喜爱的课程，陶冶情操、促进健康。开展建党百年系列庆祝活动,以艺术作品的形式表达老同志爱党爱国之情。参加总署离退休干部局举办的"翰墨光影颂百年——建党百年书画摄影展"活动。参加安徽省直机关第八届羽毛球比赛,获团体冠军;参加安徽省乒乓球锦标赛,荣获第三名。

(撰稿单位:离退休干部办公室)

第四篇

海关业务

通关运行管理

【通关运行】2021年,合肥海关进出口报关单量39.6万份。全年进口"两步申报"应用率52.72%,同比提升44.12%;出口"提前申报"应用率64.89%,同比提升19.85%。安徽省进、出口整体通关时间分别为48.48小时和1.78小时。

【知识产权保护】2021年,合肥海关开展"龙腾""蓝网"专项行动,查获涉嫌侵权货物1,248批、4,254件,2起案例入选中国海关与中国法院知识产权保护典型案例。

【自由贸易试验区建设】2021年,合肥海关参与安徽自由贸易试验区推进行动计划,2项创新成果和8项实践案例入选安徽省首批复制推广改革试点经验,10个案例入选安徽省自贸创新政策及案例选编;协同商务部门做好全省综合保税区发展绩效考核评估分析,安庆综合保税区通过验收。

(撰稿单位:综合业务处)

口岸监管

【货物监管】 2021年,合肥海关共检疫查验出入境交通工具498架(艘)次,检疫出入境人员3,250人次。部署开展"国门利剑2021"等专项行动,牵头制发口岸突发公共卫生与核生化涉恐事件应急处置、口岸核生化监测及防范恐怖袭击事件相关文件,与边防、反恐办、生态环境、交通运输、外事办、邮政管理局等单位建立联防联控工作机制。组织各隶属海关开展反恐应急演练。查获退运固体废物鲍鱼壳1票,共18.1吨,货值1.18万澳元。查获退运木炭1票,共190.4吨,货值人民币22.5万元。在寄递渠道查获出境文物1起,查获违禁印刷品音像制品756件、电话卡660张、涉赌筹码400枚;查获仿真枪3支、非成套枪支11件;查获象牙制品27起;查获疑似毒品及管制精神药品40起。实地核查芜湖、马鞍山、黄山和新桥机场海关等指定监管场地。

【中欧班列】 2021年,合肥海关服务"一带一路"建设,定制中欧班列"皖货皖运"个性化监管服务方案,支持合肥中欧班列物流枢纽建设,努力打造以合肥为枢纽、服务安徽、辐射长三角的国家级中欧班列集结中心。中欧班列累计开行668列,列数同比增长17.61%;发运标箱5.48万个、货值138亿元、货重40.89万吨,同比分别增长17.69%、19.46%和53.66%。

【跨境电商】 2021年,合肥海关出台《合肥海关进一步推进跨境电子商务发展的八条措施》,芜湖、安庆跨境电商综试区实现跨境电商进口网购保税(1210)业务通关,合肥跨境电商综试区、马鞍山市综合保税区开展跨境电商一般出口(9610)业务。大力推进跨境电商企业对企业(B2B)出口复制推广,发布《合肥海关跨境电商出口海外仓企业备案指引》。助推跨境电商海关监管模式全覆盖,累计进出口货值15.2亿元,同比增长2.7倍。开展打击跨境电商进口走私"断链刨根"专项整治行动。截至年底,合肥关区有备案跨境电商企业399家,其中跨境电商企业379家、平台企业47家、物流快递企业7家、支付企业1家、监管场所运营人7家。

【市场采购】2021年,合肥海关进一步扩大市场采购通关一体化,探索"市场采购+跨境电商"新业态贸易方式叠加发展。蚌埠海关对接蚌埠市商务局,研究制订市场采购省内通关一体化业务事前监管工作方案,协调蚌埠市外汇管理局,畅通从业企业结汇渠道,推进市场采购贸易通关一体化顺利实施。11月5日,市场采购贸易通关一体化首单出口顺利通关,涉及商品主要为日用百货,货值约17.15万元。截至年底,市场采购出口货值11.04亿元。

【智能审图】2021年,合肥海关成立关区"H986机检工作专班",组织开展H986集中审像中心业务运行制度研讨,完成硬件搭建和软件运行。编发《H986集中审像中心业务运行工作指引》,上线H986集中审像系统,制定日常运行指引,启动智能审图升级服务采购工作,完成关区监管重点专项工作。

(撰稿单位:口岸监管处)

风险管理

【风险信息情报】 2021年，合肥海关采集发布各类风险信息291条，总署采用19篇；联合芜湖海关、动植物检疫处共同撰写的《羽绒羽毛类产品进口风险态势报告》作为全国态势分析报告被采用；依托安徽省口岸安全风险联合防控机制，收集分析的一条外部情报被总署采纳，实现关区风险情报跨关区处置移交零的突破。

【风险预警】 2021年，合肥海关接收和发布风险预警155篇，其中提出2条全国风险预警建议被风险司采纳；发布长三角区域风险信息整编12期、典型案例专刊4期、区域风险预警4期。根据风险预警，区域内海关下达布控指令有效拦截跨境电商渠道申报清单24份，货运渠道实现查发补税入库312万元，排查出30余份单票货值超50万元危险化学品报关单漏检风险，对3家企业移交后续处置。

【大数据应用】 2021年，合肥海关强化大数据应用，累计涉及各项功能授权3,939项次，流转各类联系单113次。云擎搭建数据模型50个，总署采用发布（全国）风险模型平台级应用10个，综评数据自设功能指标等达500余项。

（撰稿单位：风险防控分局）

关税征管

【税则税政】 2021年，合肥海关开展税政研究和税收征管专项工作，向总署报送税则修订建议15条，获得总署采纳7条。

【税收征管】 2021年，合肥海关税收入库228.61亿元，同比增长8.65%。其中，关税13.12亿元，同比下降41.82%；进口环节税215.49亿元，同比增长14.7%。助力重大项目建设，为省内企事业单位减免税3.91亿元。

【税收风险防控】 2021年，合肥海关参与长三角属地纳税人管理试点工作，提高企业纳税遵从度，建立了48家试点属地企业底账，涵盖关区75%以上税收。接收税收征管局下达的验估指令380条，按期处置率继续保持100%。其中，有效处置指令共计355条，移送稽查部门相关线索5条。

【原产地管理】 2021年，合肥海关加强进出口原产地规范管理和服务，签发出口原产地证书11.43万份，签证金额83.78亿美元，可为省内企业减免进口国关税3.28亿美元。

（撰稿单位：关税处）

卫生检疫

【检疫管理】 2021年，合肥海关检疫出入境人员3,250人次，排查有症状者2人次，未检出输入性新冠肺炎病例。制订《合肥海关新冠肺炎疫情防控安全防护自查及督导检查工作方案》《合肥海关职业暴露应急处置预案》《合肥海关分场景安全防护现场工作手册（第一版）（第二版）》等技术方案，落实口岸疫情防控工作各项要求。严格执行口岸"三查三排一转运""7个100%"等各项防控要求，按照"一机一策""一船一策"形成检疫闭环。启用合肥新桥机场封闭管理场所，实现单人单间居住和"三区两通道"分离。

【生物安全】 2021年，合肥海关实行"一对一"帮扶和"5+2天"工作制，保障新冠病毒疫苗出口。实施风险分级分类管理，特殊物品出境卫生检疫审批时间由法定的20个工作日缩短至0.5天内，对符合要求的出境疫苗申请即到即核。审批出境重组新冠病毒疫苗26单次，验放重组新冠病毒疫苗34批次。审批特殊物品623批次，查获不合格3批次。开展"四不两直"专项检查，组建视频监控检查专班，加大对高风险人员、重点区域监控检查力度。

【疾病监测】 2021年，合肥海关在编人员、非在编人员和总体接种率分别达97.72%、95.91%、96.92%，加强免疫接种率达90.64%，所有一线人员保持动态100%全程接种。开展"世界防治结核病日""全民国家安全教育日""全国疟疾日""食品安全周""世界艾滋病日"等主题宣传活动。接受世界卫生组织专家组现场考核，通过消除疟疾认证。

【卫生监督】 2021年，合肥海关共开展专项督查4轮次，共发现问题14个并予以整改。铜陵港口通过总署口岸核心能力复核专家组远程视频复核。共同发表《常见医学蜱螨图谱》《医学节肢动物标本制作》等专著4部。布置监测点85处，捕获病媒生物约6.7万只，发现伊蚊密度超标10次。开展口岸卫生监督574次，食品、饮用水现场快速检测样本155份，食品、饮用水实验室检测样本164份，发现并妥善处置各类卫生学问题458个。

（撰稿单位：卫生检疫处）

动植物检疫

【**进出境动物检疫**】2021年，合肥海关截获来自非洲猪瘟疫区猪肉制品10批次、8.7千克。检出种猪二类疫病的11头，检出进境不合格水洗羽绒羽毛117批、331项次。检疫出境大闸蟹220.8吨、出口羽绒羽毛12.16亿元、供港活牛1,715头。完成2,359头自丹麦进境种猪检疫监管任务。

【**进出境植物检疫**】2021年，合肥海关截获外来有害生物112批次、541种次，同比分别增长36.6%、14.4%（其中检疫性有害生物35批次、46种次，同比分别增长16.7%、21.1%）。非贸渠道截获外来入侵物种30种。外来有害生物监测中首次监测到检疫性实蝇新种。完成310万吨进境粮食后续监管，监管出口稻种8,233.88吨，检疫出境竹藤柳草货值11.11亿元。

（撰稿单位：动植物检疫处）

食品检验检疫

【进口食品检验检疫】 2021年,合肥海关协助相关部门对流入安徽省有问题的进口冷链食品开展追溯调查,推动联防联控措施落实。监测进口冷链食品1批,监测结果为阴性。开展进口食品"国门守护"行动,全年抽检进口食品144批次、1,681项次,共检出不合格进口食品30批。对斯洛文尼亚、克罗地亚、阿尔巴尼亚三国食品安全法规和管理体系跟踪研究,完成克罗地亚输华蓝鳍金枪鱼、输华蜂蜜的评估工作。参与对老挝输华中药材(鸡血藤、土茯苓)检疫监管体系评估及注册企业视频检查。合肥海关获评安徽省食品安全评议考核优秀单位。1名同志获得"全国食品安全工作先进个人"表彰。

【出口食品检验检疫】 2021年,合肥海关抽检出口食品308批次、1,629项次,检出不合格样品8个。出口动物源性食品安全风险监测计划抽样254个,检测833项次,4个样品超限。完成美国对我国输美鲶鱼、熟制禽肉官方监管体系视频检查。助力"食安安徽"品牌建设,助推特色食品扩大出口。开展全国出口中药材企业2020年遭遇国外技术性贸易措施影响的专项调查研究工作,支持金寨县大湾村出口茶叶基地建设。

(撰稿单位:进出口食品安全处)

商品检验

【进口商品检验】 2021年，合肥海关累计检出进口旧机电产品、医疗器械及各类轻工消费品不合格378批次，进口矿产品、棉花等资源型商品不合格250批次。162批次符合条件的进口铅矿、锌矿享受"先放后检"监管便利，292批次进口矿产品和76批进口棉花经现场检验检疫合格后直接放行，放行时长从数天压缩到数小时。试点推进进口光刻胶等商品取样送检实施环节在目的地实施。推进自有境外矿山企业进口铜精矿检验监管模式优化。落实重点企业自用零部件"集中申报、统一验核"免3C证明的便利性措施，共验放产品66批，涉及金额208万元。开展跨境电商进口消费品风险监测和法定检验商品以外进出口商品抽查检验。

【出口商品检验】 2021年，合肥海关累计检出有各类安全隐患的危险品1,800批次。5项化学品管理信息化国家标准（GB/T 40640）经批准发布实施。

（撰稿单位：商品检验处）

统计分析与政策研究

【统计调查】 2021年,合肥海关参加全国出口先导指数样本企业合计57家,企业填报率100%。组织开展2020年进口货物使用去向统计调查,开展跨境电商地区统计试点调查、中欧班列调研、海运集装箱运力运价调研等工作12次。

【贸易统计】 2021年,合肥海关审核关区报关单39.6万份,纠正错误记录568条,涉及金额2.9亿元。组织开展关区贸易统计和业务统计数据集中审核工作,开展防疫医疗物资数据监控审核,落实异常数据核查处置和纠错更正工作机制,通报数据审核和质量管理情况。

【业务统计】 2021年,合肥海关审核业务统计记录5.4万条,新设、细化和调整业务统计系统自设参数53条。强化业务统计分析,对关区货运量、集装箱等业务变化情况及时开展分析,及时向统计司沟通汇报业务指标异动情况。

【统计数据运用和管理】 2021年,合肥海关细化落实《海关业务数据管理办法》并开展监督检查,进一步加强统计队伍数据治理能力建设。通过HLS2017内控平台下发监控核查联系单11份,涉及20家外贸企业。对9起统计处罚线索进行移交。撰写22期统计监督信息。

【统计新闻宣传和服务】 2021年,合肥海关每季度召开外贸新闻发布会,向社会公众发布安徽外贸情况。对内提供数据服务260批次,对外提供数据服务百余批次。为安徽省进出口企业提供线上咨询服务2,473批次,为社会公众提供线上咨询服务55批次。

【政策研究】 2021年,合肥海关完成速调管、硼氢化钠及乙硅烷、离子注入机3种商品的海关统计编码、4项重点产品专项调研的工作任务,调研报告获得习近平总书记及其他中央领导的肯定和批示,并转发相关部委研究落实。开展民营经济外贸情况、外贸发展提升计划、RCEP实施对策等专题调研工作。完成新能源汽车、中药材及中式成药出口等总署监测预警专题调研和中欧班列西出后转海运情况等业务专项调研。参与"中国制造业产业链稳定性和竞争力研究"等4个署级课题研究。针对安徽省重点产业、热点商品、主要市场等开展外贸调研，完成针对安徽省笔记本电脑、铁矿砂、家电、集成电路等商品的调研，以及对美贸易、"一带一路"等专题调研。

【监测预警】2021年，合肥海关撰写统计监测预警分析160余篇、新闻稿件170余篇、地市统计监测分析200余篇，涉及对美贸易、"一带一路"倡议等，消费品进口、棉花出口等热点焦点，以及家电、集成电路等安徽重点产业，多篇统计分析获权威载体采用，10篇获总署采用、4篇获中共中央办公厅和国务院办公厅采用。

（撰稿单位：统计分析处）

企业管理和稽查

【企业管理】2021年，合肥海关办理报关单位初次备案3,805起、出口食品生产企业初次备案112起、出口食品生产企业种植场和养殖场备案17起、进口食品化妆品进口商备案124起。完成3家企业对美国、欧盟和中国香港注册5批次。组织开展守法规范性培育和信用培育20次，涉及企业328家。组织开展新申请高级认证企业现场认证7家。截至年底，关区共有高级认证企业66家。

【保税监管】2021年，合肥关区实有加工贸易企业409家、运行的海关特殊监管区域4个、保税物流中心（B型）5个、保税仓库19家、出口监管仓库1家。关区加工贸易进出口值194.8亿美元，同比增长24.2%；特殊监管区域监管进出口值168.9亿美元，同比增长30.8%；保税物流中心（B型）监管进出口值6.9亿美元，同比下降51.2%；保税仓库进口货值7.6亿美元，同比增长10.7%。协作开展跨关区企业集团加工贸易监管改革试点工作，通过该模式流转货物2,969万元，为企业节约全流程外发保证金约560万元。探索"跨境电商+海外仓""跨境电商+退货中心仓""跨境电商+中欧班列""跨境电商+自贸区"等举措。合肥经济技术开发区综合保税区实现卡口货运通道"无感通关"和即到即放。

【稽查核查】2021年，合肥海关严厉打击"洋垃圾"入境，对7家进口过固体废物企业和14家进口再生金属企业开展专项稽查，查发问题5起。办结稽查作业148家，查发问题94起，移交缉私案件线索43起；办结核查作业496家次，查发问题242起。开展网上电子审核143起。对24家特许权涉税企业追补税款。加大对检验检疫领域违法违规问题的分析研判和专项稽查，累计开展涉检领域稽查6起，其中3起移交缉私后续处理。

【属地查检】2021年，合肥海关组织开展风险排查，严格落实进口冷链食品查检要求和危险化学品检验监管责任。打击危险化学品伪瞒报、逃漏检行为，对4家涉危不报企业进行处罚。开发属地查检

"双随机"选人程序,实现关区属地查检业务领域随机派员执法。探索开展出境竹木草制品远程可视化查检试点,试点企业查检时间由平均2小时缩短至0.5小时。

(撰稿单位:企业管理和稽查处)

查缉走私

【概述】2021年，合肥海关坚持以习近平总书记关于禁止"洋垃圾"入境、严厉打击象牙等濒危动植物及其制品走私、"水客"走私等重要指示批示精神为根本遵循，组织开展"国门利剑""蓝天""护卫""长江大保护"等联合专项行动。全年刑事立案18起，增长28.6%；行政立案185起，增长14.9%。落地核查涉枪线索47条，立案查处毒品案件6起，查获涉嫌走私淫秽物品案件2起。办结1起总署缉私局一级挂牌督办的固体废物案件，涉及固体废物8,326.23吨。查扣并责令退运非法进口固体废物2批，共计208吨。查办走私珍贵动物制品案件9起，其中3起被总署缉私局列为一级挂牌督办案件。立案查办涉嫌"水客"走私刑事案件1起、行政案件1起。立案查办涉税案件44起，涉税7,469万元。

【综合治理】2021年，合肥海关制定实施《安徽省打击走私综合治理工作考评细则》，进一步压实地方政府履行反走私综合治理主体责任。推动安徽省先后就"双无"固体废物处置、走私冻品归口地方处置、"三无"船舶联合认定等问题建立工作机制。针对长江沿线安徽段成品油走私问题，组织开展"净江"行动。针对亳州市濒危动物制品走私易发问题，组织相关单位到重点社区开展反走私宣传活动。开展禁毒教育进校园活动。

（撰稿单位：缉私局）

技术性贸易措施

【技贸措施应对】2021年,合肥海关完成年度技术性贸易措施影响调查工作,涵盖16个隶属海关、209家企业。组织专家参与对智利、西班牙、摩洛哥、巴西、西班牙、日本6个国家提出的9份WTO/TBT-SPS通报的评议工作。对越南要求中药材出口企业提供GMP认证贸易措施提出特别贸易关注。

【技术规范制定】2021年,合肥海关完成海关技术规范《水果中巴西棕榈蜡的测定》(2020B149)编制和送审工作;主持编制《进出口食品添加剂和食品营养强化剂中铅的测定 离子印迹固相萃取—原子吸收分光光度法》(2021B170)和《动物源性食品中左旋咪唑残留量的测定 液相色谱—质谱/质谱法》(2021B188)2项技术规范;参与编制《技术性贸易措施研究评议基地工作规范》等4项技术规范。

(撰稿单位:综合业务处)

第五篇

政务关务保障

法治建设

【法规管理】 2021年,合肥海关学习宣传贯彻习近平法治思想,深入落实党政主要负责人履行法治建设第一责任人职责、党委理论学习中心组学法等工作制度,4次利用关党委会、党委中心组学习等形式组织专题学习。深化"我为群众办实事"实践活动,发布《合肥海关73项取消的证明事项清单》《合肥海关47项便民服务办事事项清单》。分4类推进7项"证照分离"改革,动态调整关区10项行政许可办事指南,进一步简化审批操作流程。制定4大类11个目标任务26项法治建设举措,纳入《合肥海关"十四五"海关发展规划实施方案》。

【复议应诉】 2021年,合肥海关公职律师和一线办案人员列席关案审会并发表意见,运用跨部门专家业务磋商机制,对高敏感度案件联手联动清除执法障碍。运用公职律师和法律顾问两支专业力量,妥善处理海关为民事主体的合同、劳务等纠纷。全年对关区6项创新改革项目、报备总署自由贸易试验区监管创新举措、70余份制度及合同文本开展合法性审查工作,提出审查意见100余条。李燊同志荣获2021年度全国海关优秀公职律师称号。全年关区未发生一起行政复议诉讼案件。

【法制协调和法治宣传】 2021年,合肥海关圆满完成21件安徽省人大、政协代表建议提案答复办理,代表委员满意度100%。开展"制度建设年"活动,对关区2018年4月以前的162项管理制度全面"体检",最终保留制度90项、修订45项、废止24项、移出3项、新增15项。作为海关系统首批14个试点海关之一,率先开展直属海关权责清单编制工作。注重全线普法与全员学法相结合,注重执法需求与"菜单式"普法相结合,注重受众体验与新媒体运用相结合,建立关区35名业务骨干组成的普法讲师团,形成"精品课程库"供关区各单位部门选择。打造模拟法庭、科长讲堂、执法案例汇编等普法平台。

(撰稿单位:法规处)

政务管理

【应急值守】 2021年，合肥海关严格落实24小时值班制度，法定节假日及特殊敏感时期执行关领导在岗带班，处、科级干部双人24小时在岗值班的三级值带班制度。严格信息上报时限，确保重特大突发事件15分钟内向总署总值班室电话报告、30分钟内书面报告。

【信息宣传】 2021年，合肥海关报送总署信息快报采用74篇，获署领导批示1篇，被上级采用5篇。新闻被总署计分媒体采用628篇，在中央电视台《新闻直播间》实现新的突破，《新闻联播》采用芜湖海关联动接卸画面。12360微信公众号关注人数突破8,000。

【会议管理】 2021年，合肥海关对关区会议实行分类和计划管理，严控会议数量、经费、规模、时间，采用视频、会议软件等多种技术手段改进会议形式，保持会场简朴。精心准备议题，设置倒计时严控发言时间，采用PPT展示，运用"全随机"法随机选择人员发言，提高会议效率和质量。全年召开计划内会议40个，同比减少18.36%。

【公文处理】 2021年，合肥海关对本关机关政务类、业务类文件实行统一归口审核。机关上报公文未出现被通报、退文等"硬差错"。不定期通报本关机关精简文件落实情况，对非正式文件精简情况实行"点对点"反馈督促，切实为基层减负。全年制发正式发文220件，同比下降26.9%；制发非正式文件1,443件，同比下降16.7%。

【督查督办】 2021年，合肥海关落实"双向督办"，即对于关领导调研时对基层海关所提工作要求以及基层反映问题需职能部门解决的同时督办。全年对关领导基层调研带回的52个问题，通过HB系统发出督办单117份，对办公系统中督办模块增加短信提醒功能。

【保密管理】 2021年，合肥海关在年度机要和保密工作考核中被评为安徽省机要优秀单位和保密工作成绩突出单位，连续6年获得"双优"称号。对《合肥海关涉密办公环境安全保密规定》《合肥海关机要室传真通信管理规定》《合肥海关文印室管理规定》《合肥海关网络保密管理规定》《合肥海关印章使用和管理规定》5项制度进行了修订。

【档案管理】 2021年，合肥海关整理上架2020年文书档案1,637件、资料952件、照片档案159张和书籍资料24本。共接收原检审计档案74盒、323卷，海关各类会议纪要、记录85件。收集上报总署的2件疫情见证物被中国国家博物馆征集，5件疫情见证物被中国海关博物馆征集。对《合肥海关档案工作制度》等19项制度、规定进行了修订。

【政务公开】 2021年，合肥海关门户网站"政府信息公开"专栏公开各类政府信息1,301条。受理并予以公开自然人政府信息公开申请8件，回复各类咨询110条。举办新闻发布会5场，发布政策解读92条，回应公众关切信息36条。举办在线访谈4期，向社会征求意见3次，开展网上调查3次。

【信访工作】 2021年，合肥海关开展"关长接待日"等活动，面对面听取人民群众的热点难点问题，对提出的疑问耐心解释，解决群众合理诉求，维护群众合法权益，引导群众依法理性表达诉求，帮助群众化解心中郁结。

（撰稿单位：办公室）

财务管理

【税费财务管理】2021年，合肥海关税款入库228.61亿元，同比增加18.21亿元、增长8.65%。其中，入库关税13.12亿元，同比减少41.82%；入库进口环节税215.49亿元，同比增长14.70%。以其他收入的方式上缴国库保证金利息收入累计249.31万元，相比2020年246.58万元增长1.11%。

【预算管理】2021年，合肥海关获批中央财政预算资金2.5亿元，其中追加疫情防控等经费1,085.58万元、追加养老保险清算资金2,071.06万元。当年和上年结转资金预算执行率均为100%。承担各类经费、资金、基金和专项拨款等监督管理工作。

【涉案财物管理】2021年，合肥海关向安徽省林业局移交213件共39.72千克的象牙制品，向安徽省农业农村厅渔业渔政管理局移交海马干、砗磲制品和抹香鲸碎料等160件。从中探索出"产权移交、委托保管"模式，制度性解决了濒危物品长期滞库难题。

【企事业财务管理】2021年，合肥海关按总署统一部署，印发《合肥海关事业单位所属企业脱钩工作方案》《合肥海关黄山海风招待所培训（疗养）机构改革实施方案》《合肥海关后勤管理中心集中转让脱钩企业产权工作方案》，维护企事业单位合法权益，促进可持续发展。

【基建管理】2021年，合肥海关保健中心实验室改造初步设计和投资概算获总署批复同意。黄山海关国家茶叶及农产品检测重点实验室（黄山）改造项目通过总署验收组验收，项目竣工财务决算获批复。合肥海关验收并批复了阜阳海关综合实验楼改造项目竣工财务决算。合肥海关口岸应对重大疫情卫生检疫基础设施项目和合肥海关技术中心实验室维修改造项目完工。

【资产管理】2021年，合肥海关推进闲置房产利用工作，利用面积占总闲置房地产面积的95.01%。完成资产二维码标签张贴工作。落实"过紧日子"要求，用水单耗、用电单耗、用油总量等同比分别下降0.28%、7.22%、0.1%，差旅费、培训费支出同比分别下降42.92%、39.14%。

（撰稿单位：财务处）

科技发展

【信息化建设】 2021年，合肥海关ERP联网监管项目无缝对接"互联网+稽核查"系统，H2018系统3.0版、智能审图、邮递物品管理辅助系统等上线运行，关区H986集中审像中心建成运行，合肥经济技术开发区综合保税区卡口实现"无感通关"，合肥新桥机场、黄山屯溪机场口岸智能旅检通道完成改造，"云庐"系统主体功能投入使用，机关"终端国产化替代"工作部署完成，信息化、智能化监管水平明显提升。建设完成庐州等5个海关的视频监控专网，关区视频监控专网建设完成率达88%。

【网络安全】 2021年，合肥海关参加公安部组织的海关系统网络攻防演练并取得良好成绩，完成年度等级保护测评工作，结果为"良"，关区杀毒软件安装率达到100%，网络安全保障更加巩固。

【实验室管理】 2021年，合肥海关撤销芜湖等7个实验室。与合肥市政府共建电子化学品实验室，补齐电子化学品等进口原材料检测短板，实验室规划布局不断优化。

【科研管理】 2021年，合肥海关承担总署、省科技厅科研项目2个，合作参与总署科研项目、省部级科研项目3个，科研管理工作稳中有进。开展科技体验日活动、科普讲坛、领智微课，进一步激发科技创新活力。

（撰稿单位：科技处）

督察内审

【督察监督】 2021年,合肥海关完成"进境高风险货物风险监测和预防性消毒措施落实情况""进出口危险化学品监管措施落实情况"2个署级督察项目的自查。根据总署的督察项目清单,结合相关职能部门监督检查项目,选取"推进海关全业务领域一体化工作落实情况""持续强化口岸卫生检疫措施落实情况""加强口岸监管管理措施落实情况""严防重大动植物疫情疫病传入传出和外来物种入侵措施落实情况"4个重大决策部署开展专项督察,将每个项目的督察重点、督察发现问题、整改情况纳入清单管理,全年共发现各类问题26个,已全部完成整改。

【内部审计】 2021年,合肥海关对9个隶属海关开展离任审计,该审计工作与巡察、督察等监督检查高度融合,构建"巡""审"监督双驱动。按照总署要求开展"2021年度专项审计""实验室建设专项审计调研"2个署级审计项目自查工作。从总署下发的审计决定中选取问题案例,供关区各单位、部门开展自查。

【内控建设】 2021年,合肥海关以送教上门、跟班作业等形式推动隶属海关HLS2017内控平台和内控节点指标体系应用工作,以现场问答研讨、编发工作指引等方式解答基层平台应用和内控节点应用等各类问题,组织隶属海关利用HLS2017内控平台开展"报关单超期未结关"等专题监控分析,不断推动关区内控机制建设。全年运用内控节点查发各类问题1,839个(涉及节点418个),同比增长70%。应用HLS2017内控平台制发核查联系单1,121份,同比增长80.5%;补征税1,016次,同比增长47.6%;移交缉私、稽查线索71条,同比增长69%;取得专项成果44项,同比增长51.7%。

【执法评估】 2021年,合肥海关组建专题评估工作小组,采用"数据+指标+调研+分析"方法,搭建数据指标模型,发放并回收内外部调查问卷,完成《安徽综合保税区落实优化保税监管措施专题评估报告》。参与"综合保税区落实优化保税监管措施专题评估""海关支持长三角区域一体化发展重点举措落实效果专题评估"两项署级专题执法评估工作。完成

"进口粮食监管政策措施落实情况专题评估""全国海关技术性贸易措施工作成效专题评估""海关进出口食品安全监管情况专题评估""海关稳外贸稳外资措施情况"等署级项目的相关工作。

（撰稿单位：督审处）

第六篇

隶属海关

合肥新桥机场海关

【概况】2018年12月14日，总署批复设立合肥新桥机场海关，隶属合肥海关，为正处级隶属海关。辖区为合肥新桥国际机场区域，包括海关特殊监管区域1个[合肥空港保税物流中心（B型）]、海关监管作业场所6个（合肥空港进境指定监管场地、合肥新桥国际机场海关监管快件中心、中外运合肥空港海关监管作业场所、安徽机场集团合肥新桥国际机场海关监管作业场所、东航物流合肥新桥国际机场海关监管作业场所、合肥新桥国际机场旅客通关作业场地）。截至2021年12月底，合肥新桥机场海关下辖7个正科级内设机构：办公室、通关科、监管科、旅检一科、旅检二科、旅检三科、B保监管科。行政编制核定50名，实有人员54人（其中关员51人、老工人3人），合肥海关党委第十派驻纪检组1人，非在编人员39人。

【党建工作】2021年，合肥新桥机场海关深入学习贯彻习近平新时代中国特色社会主义思想，扎实开展党史学习教育、十九届六中全会学习教育，认真组织庆祝中国共产党成立100周年系列活动。不折不扣执行"第一议题"制度，关党委集体学习习近平总书记重要指示批示精神29篇次，组织理论学习中心组学习9次，确保习近平总书记重要指示批示精神一贯到底。组织参观3个红色教育基地，打造"行走的课堂"，赓续红色血脉，汲取智慧力量。持续推进"支部建在科上"，现有党支部7个，其中"四强"党支部2个。制作"基层书记组长谈责任"视频访谈1个。组织46名处、科级及以下干部配偶、子女及其配偶从业情况自查、申报。开展"推绕拖""懒散浮"专项整治，累计查摆问题24个。常态化开展内务规范督察和纪律作风效能检查12次。开展新冠肺炎疫情防控监督检查19次，发现并督促整改问题9项。深化"现场监管与外勤执法权力寻租"专项整治，查找廉政风险点1个，制修订规章制度1项，完善作业流程10项。紧盯关键领域、坚守关键节点开展监督检查10次。54名纳入考核的干部学时学分达标，达标率100%。网上专题培训参训503次。66人次获得动植物检疫、卫生检疫、食品安全等一线岗位技能资质。

▲2021年3月26日，合肥新桥机场海关组织干部职工参观渡江战役纪念馆

▲2021年8月27日，合肥新桥机场海关开展廉政微党课

【海关业务】2021年，合肥新桥机场海关进出口报关单量2.76万份。全年进口"两步申报"应用率47.58%，出口"提前申报"应用率94.44%。查获涉嫌侵权货物2批、575件。共检疫查验出入境交通工具463架次，监管进出境人员2,774人次；监管进出口货物1.53万吨，核销转关单3,998份；监管进口鲜活产品8批次，监管进口丹麦种猪2批次、2,359头。税收入库13.7亿元，其中关税0.64亿元、进口环节税13.06亿元。布置监测点4处，共捕获成蚊6种577只，捕获蜚蠊1种478只。监督食品生产单位4家次、食品经营单位80家次、饮用水生产单位19家次，发现问题280条。新发放卫生许可证16家次、延续6家次、变更7家次。抽样快速检测92项次，食品安全抽检88次。抽检进口冷链食品2批次。认真开展"国门利剑""蓝天"等专项行动，坚决打击"洋垃圾"和象牙等濒危物种走私、毒品和枪支弹药等物品走私、涉恐涉爆物品走私，加大反宣品查缉力度，被评为2020年全省"扫黄打非"先进集体。认真落实海关业务改革，完成口岸智能旅检通道改造，推动落实长三角特殊货物检查作业一体化改革试点，在机关指导下试点开展货物按状态分类监管业务，试点以关税保证保险支持长鑫公司"分送集报"担保业务。积极推动合肥航空口岸业务发展，支持合肥机场新增合肥至伦敦、仁川全货机航线，支持进境肉类指定监管场地建设。

【疫情防控】2021年，合肥新桥机场海关全力做好入境人员和交通工具卫生检疫，严格按照布控指令要求实施登临检疫，严格落实总署"三查三排一转运"检疫措施，对入境人员实行闭环管理。排查发热等有症状旅客2人，采样2人。严格落实

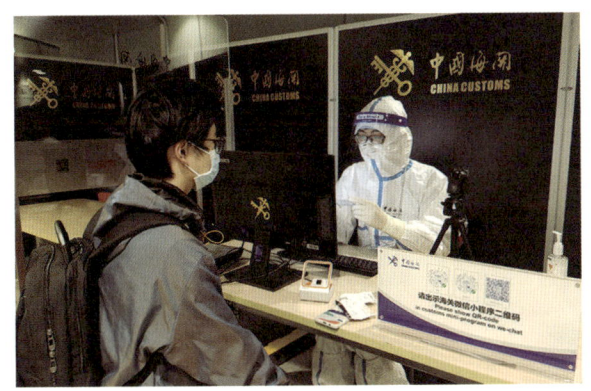

▲2021年2月4日,合肥新桥机场海关澳门航班复航首航旅检现场

"N+7+7"封闭管理,口岸一线人员疫苗接种率100%,继续保持"打胜仗、零感染"。强化口岸动植物检疫监管,做好非洲猪瘟疫情防控。全力做好进口冷链食品和高风险非冷链集装箱货物采样和预防性消毒,全年货运现场命中新冠病毒采样进口非冷链集装箱货物17批,对其中14批实施了采样和监督预防性消毒。

▲2021年2月9日,合肥新桥机场海关喜迎新春

(撰稿单位:合肥新桥机场海关)

庐州海关

【概况】2018年12月14日,总署批复设立庐州海关,隶属合肥海关,为正处级隶属海关。2019年12月,庐州海关正式开关。辖区为合肥市全境(不含新桥机场海关辖区),包括海关特殊监管区域2个(合肥综合保税区、合肥经济技术开发区综合保税区)、海关监管作业场所4个〔合肥国际邮件互换局、合肥港国际集装箱码头、中国(合肥)跨境电子商务综合试验区、合肥北货场海关监管作业场所〕、公用型保税仓库1个(合肥中外运泓明物流有限公司寄售维修型保税仓库)。截至2021年12月底,庐州海关下辖1个副处级机构,为驻邮局办事处;11个正科级内设机构,分别是办公室、人事政工科、综合业务一科、综合业务二科、监管一科、监管二科、监管三科、企业管理科、稽核查科、跨境电商监管科、邮件监管科。行政编制核定70名,实有人员85人(其中关员81人、老工人4人),合肥海关党委第十二派驻纪检组2人,非在编人员90人。

【党建工作】2021年,庐州海关深入学习贯彻习近平新时代中国特色社会主义思想,扎实开展党史学习教育、深入贯彻党的十九届六中全会精神,认真组织庆祝中国共产党成立100周年系列活动。不折不扣执行"第一议题"制度,关党委集体学习习近平总书记重要指示批示精神20余篇次,组织理论学习中心组学习10次,举办专题培训班、读书班4期,确保习近平总书记重要指示批示精神一贯到底。用好辖区6个红色教育基地,打造"行走的课堂",赓续红色血脉,汲取智慧力量。持续推进"支部建在科上",现有党支部11个,其中"四强"党支部2个,发展新党员3名。聚焦"围绕中心、建设队伍、服务群众"提供党建创新案例3个。制作"基层书记组长谈责任"视频访谈1个。组织85名处、科级及以下干部配偶、子女及其配偶从业情况自查、申报。开展"推绕拖""懒散浮"专项整治，累计查摆问题17个。常态化开展内务规范督察和纪律作风效能检查12次。开展新冠肺炎疫情防控监督检查12次，发现并督促整改问题4项。深化"现场监管与外勤执法权力寻租"专项整治，查找廉政风险点24个，制修订规章制度1项。81名纳入考核的干部学时学分达标，达标率100%，累计总学时21,199.9学时、总学分13,041.9学分。50人次获得动植物检疫、卫生检疫、食品安全等一线岗位技能资质。

▲2021年8月16日，庐州海关党总支组织开展主题党日活动

▲2021年9月1日，庐州海关关员参加廉政教育活动

【海关业务】2021年，庐州海关进出口报关单量23万份。全年进口"两步申报"应用率60.15%，出口"提前申报"应用率89.32%。查获涉嫌侵权货物1,244批、1,937件。税收入库86.9亿元，其中关税5.6亿元、进口环节税81.3亿元。减免税款3亿元。签发出口原产地证书5.5万份，签证金额37.01亿美元，可为企业减免进口国（地区）关税1.85亿美元。布置监测点3处，捕获病媒生物约322只。截获外来有害生物共23批次、149种次。完成69.89万吨进境粮食后续监管，监管出境稻种重量8,252.6吨，检疫出境竹藤柳草货值约2.4亿元。抽检进口食品52批次、785项次。抽检出口食品88批次、348项次，检出不合格样品2个。出口动物源性食品安全风险监测计划抽样80个。检出各类进口商品不合格272批次。检出有各类安全隐患的危险品100批次。参加全国出口先导指数样本企业38家。组织开展守法规范性培育和信用培育，涉及企业316家。辖区现有高级认证企业22家，实有加工贸易企业98家。办结稽查作业46家次，查发问题36起。办结核查作业27家次，查发问题16起。完成稽查作业42起，查发问题35起，有效率83%，移交缉私9起。在邮递渠道查获禁止进境物224起。其中，查获疑似枪支及其零配件6起、14件；查获疑似毒品及管制精神药品31起；查获反动宣传品10起；查获疑似淫秽物品36起；查获疑似濒危野生动物及其制品25起，其中象牙制品26起、

5,098.6克；查获需检疫的动植物及其制品134起、271.66千克。助推合肥中欧班列跑出"加速度"，提供"全程优先"的定制通关服务，助推"皖货皖运"，陆续开通茶叶专列、汽车专列、跨境电商专列，进一步引领外贸创新发展，全年合肥中欧班列开行668列。助力综合保税区当好外贸"火车头"，进一步释放政策红利，推进"委托加工"，支持区内企业利用剩余产能承接区外订单；开展"融资租赁"，缓解区内企业资金周转压力；实行"四自一简"，进一步简化进出区手续；直接赋予区内符合条件企业AEO高级认证，获得海关监管最优待遇；落地一般纳税人资格试点，让区内企业享受"营改增"红利等。支持合肥经济技术开发区综合保税区退货中心仓投入使用，退货流程压缩5~10天。推进特殊区域出口海外仓业务落地，实现货物入区即退税，企业退税时间缩短一个月以上。对合肥经济技术开发区综合保税区卡口进行智能化升级，实现"无感通关"，抬杆时间由原来的15秒缩短为5秒以内，提升卡口通行速度，自动确认运抵，非查验货物无须进场站等待，预计全年可为外贸企业减少费用600余万元。推动跨境电商B2B出口监管试点清单申报模式成功复制推广，实现合肥跨境电商B2B出口业务模式全覆盖。试点落地出口货物"抵港直装"，减少集装箱运输和装卸次数，企业出口每批货物平均节省5~7个小时。6月，对业务科室职责和办事流程进行优化调整，监管工作按区域重新划分，使内部管理更加集约、企业办事更加高效。

流程优化后，企业通关、加工贸易等业务只需对接一个部门集中办理，不再往返于各个业务现场。海关加工贸易手账册设立、变更均可在线办理，无须递交纸质资料，办理时间缩短一半以上，目的地查检和属地检查由原先至少需要3天缩短到1天左右就能完成。流程优化以来，《安徽日报》《安徽新闻联播》《中国国门时报》"中国海关"强国号、"海关发布"等省部级媒体刊载庐州海关服务省市外向型经济发展、优化营收环境新闻40余篇次。

▲2021年11月5日，庐州海关关员对中欧班列进行查验

▲2021年11月20日，庐州海关职工参加健步行活动

（撰稿单位：庐州海关）

芜湖海关

【概况】芜湖海关是安徽省内最早的海关。1876年中英签订《烟台条约》，增辟芜湖为通商口岸，1877年设立芜湖海关。1980年3月，国务院批准设立中华人民共和国芜湖海关，同年10月开关，直属海关总署。1989年5月，隶属合肥海关，为正处级隶属海关。辖区为芜湖市全境，包括海关特殊监管区域1个（芜湖综合保税区）、海关监管作业场所1个（芜湖港朱家桥外贸码头海关监管作业场所）、公用型保税仓库1个（芜湖雨耕山公用型保税仓库）。截至2021年12月底，芜湖海关下辖10个内设机构，分别是办公室、人事政工科、综合业务一科、综合业务二科、稽查科、企业管理科、监管一科、监管二科、监控科、综合保税区监管科；另设1个缉私分局。行政编制核定70名，实有关员76人，缉私警察6人，合肥海关党委第一派驻纪检组3人，离退休干部40人，非编制人员51人。

【党建工作】2021年，芜湖海关深入学习贯彻习近平新时代中国特色社会主义思想，扎实开展党史学习教育、十九届六中全会学习教育，认真组织庆祝中国共产党成立100周年系列活动。不折不扣执行"第一议题"制度，关党委集体学习习近平总书记重要指示批示精神22篇次，组织理论学习中心组学习5次，举办专题培训班、读书班2期，确保习近平总书记重要指示批示精神一贯到底。用好辖区4个红色教育基地，打造"行走的课堂"，赓续红色血脉，汲取智慧力量。持续推进"支部建在科上"，现有党支部10个，其中"四强"党支部1个，发展新党员1名。聚焦"围绕中心、建设队伍、服务群众"提供党建创新案例2个。芜湖海关监管一科党支部通过全国海关基层党建示范（培育）品牌复核。制作"基层书记组长谈责任"视频访谈1个。组织69名处、科级及以下干部配偶、子女及其配偶从业情况自查、申报。开展"推绕拖""懒散浮"专项整治，累计查摆问题29个。常态化开展内务规范督察和纪律作风效能检查5次。开展新冠肺炎疫情防控监督检查12次，发现并整改问题18项。深化"现场监管与外勤执法权力寻租"专项整治，查找廉政风险点11个，制修订规章制度3项，完善作业流程2项。紧盯关键领域、坚守关键节点开展监督检查2次。72名纳入考核的干部学时学分达标，达标率100%。网上专题培训参训288次。2人次获得动植物检疫、卫生检疫、食品安全等一线岗位技能资质。

【海关业务】2021年，芜湖海关进出口报关单量9.13万份。全年进口"两步申报"应用率3301现场为22.65%、3312现场为73.1%，出口"提前申报"应用率3301现场为38.5%、3312现场为87.69%。查获涉嫌侵权货物1批、154件。共检疫查验出入境交通工具26艘次，检疫出入境人员462人次。备案跨境电商企业9家，均为电子商务企业。税收入库15.02亿元，其中关税2.5亿元、进口环节税12.52亿元。减免税款1,981万元。

▲2021年9月16日，合肥海关关长辛建民一行赴芜湖海关参观渡江战役第一船登陆点

▲2021年3月5日，芜湖海关职工参加"情暖女神节 花香入海关"妇女节主题活动

▲2021年9月3日，芜湖海关开展"加强纪律建设，树牢思想防线"专题廉政教育课

▲2021年3月10日，洋山港—芜湖港联动接卸海关监管新模式启用

签发出口原产地证书1.06万份，签证金额12.1亿美元，可为企业减免进口国（地区）关税约0.54亿美元。开展监测44次，捕获病媒生物1,200余只，开展口岸卫生监督6次。截获外来有害生物共9批次、25种次。完成42.3万吨进境粮食后续监管。抽检进口食品26批次、278项次，检出不合格进口食品7批。抽检出口食品21批次、121项次，检出不合格样品1个。出口动物源性食品安全风险监测计划抽样45个。检出各类进口商品不合格119批次。检出有各类安全隐患的危险品13批次。参加全国出口先导指数样本企业11家，为进出口企业提供咨询服务50余批次。组织开展守法规范性培育和信用培育，涉及企业200余家。辖区现有高级认证企业9家。办结稽查作业21笔，查发问题10起。办结核查作业64家次，查发问题30起。

（撰稿单位：芜湖海关）

安庆海关

【概况】1986年7月12日,总署批准成立安庆海关,由芜湖海关代管并负责筹建。1988年5月,安庆海关开关,由芜湖海关代管。1989年5月,隶属合肥海关,为正处级隶属海关。辖区为安庆市全境,包括水运口岸1个(安庆港)、海关特殊监管区域1个(安庆综合保税区)、保税物流中心(B型)1个[安庆(皖西南)保税物流中心]、海关监管作业场所2个(安庆港国际集装箱码头、安庆汽车整车进口口岸)、保税监管场所2个(安庆市德久精密技术有限公司公用型保税仓库、潜山市源潭建设投资有限公司公用型保税仓库)。截至2021年12月底,安庆海关下辖5个内设机构:办公室、综合业务一科、综合业务二科、监管一科、监管二科。行政编制核定35名,实有关员40人,合肥海关党委第二派驻纪检组1人,退休干部17人,非编制人员28人。

【党建工作】2021年,安庆海关深入学习贯彻习近平新时代中国特色社会主义思想,扎实开展党史学习教育、十九届六中全会学习教育,认真组织庆祝中国共产党成立100周年系列活动。不折不扣执行"第一议题"制度,关党委集体学习习近平总书记重要指示批示精神30余篇次,组织理论学习中心组学习20余次,确保习近平总书记重要指示批示精神一贯到底。在党史学习教育过程中,全程嵌入"我为群众办实事"实践活动。用好辖区红色教育基地,打造"行走的课堂",赓续红色血脉,汲取智慧力量;主动认领10件实事对标对表完成,深入企业调研7家次,班子成员开展谈心谈话45人次,收集意见建议83条。持续推进"支部建在科上",现有党支部6个,其中"四强"党支部1个,发展新党员3名。何勇同志获评省直机关道德模范,安庆海关报关厅获评省直机关

"巾帼文明岗"。将全面从严贯穿领导班子建设的全过程和各方面，切实发挥好领导班子"关键少数"的"关键作用"。将平时考核、年度考核、专项考核结果和干部评优评先结合起来，突出事业导向，用忠诚干净担当的成绩单说话，让真正敢担当、干事创业的干部有"奔头"。深入推进党风廉政建设，坚定不移建设清廉海关，组织39名处、科级及以下干部配偶、子女及其配偶从业情况自查、申报；开展"推绕拖""懒散浮"专项整治，累计查摆问题9个；常态化开展内务规范督察和纪律作风效能检查12次。不断加强权力运行监督制约，自觉做到忠诚干净担当。深入开展"现场监管与外勤执法权力寻租"专项整治，查找廉政风险点6个，制修订规章制度1项，完善作业流程1项，统筹开展政治教育、纪法学习教育、廉政警示教育，一体推进"三不腐"工作机制。34名纳入考核的干部学时学分达标，达标率100%。7人次获得动植物检疫、卫生检疫、食品安全等一线岗位技能资质。

▲2021年7月1日，安庆海关关长讲"七一"专题党课

▲2021年4月19日，安庆海关开展内务规范检查

【海关业务】2021年，安庆海关继续推进"放管服"改革和总署各项改革措施，提升贸易便利化水平。综合运用"两步申报"、"两段准入"、新一代电子支付、关税保证保险、汇总征税等改革措施，引导企业用好用活关税减免、暂免征收内销缓税利息、优惠产地证等政策。推进业务改革创新项目，已实现"船边直提"等新业务模式。全年审核进出口报关单量0.73万份。进口"两步申报"应用率21.98%，出口"提前申报"应用率33.39%。备案跨境电商企业21家。税收入库3.38亿元，其中关税0.88亿元、进口环节税2.5亿元。减免税款0.06亿元。签发出口原产地证书0.37万份，签证金额2.57亿美元，可为企业减免进口国（地区）关税0.07亿美元。强化动植物疫情检出，严防非洲猪瘟、高致病性禽流感、沙漠蝗等疫情疫病传入传出，布置监测点183处，捕获病媒生物约178只，首次在关区截获橘大实蝇。开展口岸卫生监督50次，发现并妥善

处置卫生学问题1个。截获外来有害生物32批次、322种次。监管进口粮食146批、4.76万吨，货值3,470万美元；完成10.61万吨进境粮食后续监管，检疫出境竹藤柳草货值0.44亿元。提升植物初筛鉴定室能力建设。抽检进口食品11批次、287项次，抽检出口食品3批次、25项次。出口动物源性食品安全风险监测计划抽样4个。检出各类进口商品不合格88批次。检出有各类安全隐患的危险品105批次。查获18.1吨从澳大利亚进口的鲍鱼壳固体废物和190.9吨从越南进口的木炭渣固体废物，涉案固体废物退运出境。参加全国出口先导指数样本企业2家。组织开展守法规范性培育和信用培育，涉及企业16家。辖区现有高级认证企业6家，实有加工贸易企业29家。开展特许权使用费、减免税设备及行业性专项稽核查行动，对检验检疫领域开展专项稽查。办结稽查作业8家次，查发问题4起。办结核查作业46家次，查发问题17起。深入推进"国门利剑2021""蓝天2021"等专项行动，全年共移交案件线索20起、立案15起。

全力支持安庆综合保税区建设；支持迎江区、潜山市申请设立公用型保税仓库；支持跨境电子商务和采购贸易新业态，全年跨境电商零售进口业务总量已突破32.5万单，共计缴税192万元；汽车整车进口口岸首批94辆整车顺利完成通关。先后与迎江区、宿松县、潜山市政府签署合作备忘录。与安庆市市场监管局签署进口食品和知识产权保护合作备忘录。

▲2021年4月1日，安庆综合保税区正式封关运行

▲2021年4月16日，安庆海关关员赴定点帮扶村岳西县姚河乡沈桥村开展志愿服务

（撰稿单位：安庆海关）

马鞍山海关

【概况】1990年11月16日，总署批复设立马鞍山海关，隶属合肥海关，为正处级隶属海关。1994年11月18日，马鞍山海关正式开关。辖区为马鞍山市全境，包括海关特殊监管区域1个、海关监管作业场所3个、水运口岸2个、入境指定监管场地1个、保税监管场所2个。截至2021年12月底，马鞍山海关下辖5个正科级内设机构：办公室、综合业务一科、综合业务二科、监管科及综合保税区监管科。行政编制核定30名，实有人员34人（其中关员31人、老工人3人），合肥海关党委第三派驻纪检组1人，非在编人员16人。

【党建工作】2021年，马鞍山海关深入学习贯彻习近平新时代中国特色社会主义思想，扎实开展党史学习教育、十九届六中全会学习教育，认真组织庆祝中国共产党成立100周年系列活动。不折不扣执行"第一议题"制度，关党委集体学习习近平总书记重要指示批示精神52篇次，组织理论学习中心组学习11次，确保习近平总书记重要指示批示精神一贯到底。用好辖区5个红色教育基地，打造"行走的课堂"，赓续红色血脉，汲取智慧力量。持续推进"支部建在科上"，现有党支部5个，其中"四强"党支部1个。聚焦"围绕中心、建设队伍、服务群众"提供党建创新案例1个。制作"基层书记组长谈责任"视频访谈1个。建立"总支集中学+支部联组学+个人主动学+适时专题学"理论学习长效机制。开展党史"每日一题"活动和"每周一测"活动，组织"学党史 知党情 跟党走"知识竞赛。全年在总署"金钥匙"微信公众号刊发新媒体稿件12篇次，在合肥海关"皖风和韵"微信公众号刊发新媒体稿件30篇。组织34名处、科级及以下干部配偶、子女及其配偶从业情况自查、申报。开展"推绕拖""懒散浮"专项整治，共细化梳理马鞍山海关10

项"问题清单"。常态化开展内务规范督察和纪律作风效能检查12次。开展新冠肺炎疫情防控监督检查12次,发现并督促整改问题5项。深化"现场监管与外勤执法权力寻租"专项整治,梳理廉政风险10条,制修订规章制度2项,完善作业流程2项。31名纳入考核的干部学时学分达标,达标率100%。网上专题培训参训93人次。27人次获得动植物检疫、卫生检疫、食品安全等一线岗位技能资质。获评2021年度全市"四送一服"双千工程目标考核优秀单位、创优"四最"营商环境目标考核优秀单位。

【海关业务】2021年,马鞍山海关进出口报关单量3,530份。全年进口"两步申报"应用率75.11%,出口"提前申报"应用率66.15%。税收入库17.81亿元,其中关税0.32亿元、进口环节税17.49亿元。减免税款0.11亿元。签发出口原产地证书4,414份,签证金额5.53亿美元,可为企业减免进口国(地区)关税1,932.31万美元。布置监测点12处,捕获病媒生物约4,881只,开展口岸卫生监督24次,发现并妥善处置各类卫生学问题28个。截获外来有害生物共5批次、6种次。完成5.58

▲2021年7月28日,马鞍山海关组织学习习近平总书记"七一"重要讲话

▲2021年10月1日,马鞍山海关开展"我把献花送给祖国"活动

▲2021年7月6日,马鞍山海关组织参观廉政教育基地,重温入党誓词

▲2021年11月11日,马鞍山海关受理安徽省首例海关信用修复案例

万吨进境粮食后续监管。抽检出口食品13批次、27项次。出口动物源性食品安全风险监测计划抽样7个。检出各类进口商品不合格160批次。检验出口危险货物及其包装1,986批,同比增长31.1%;检出出口危险货物包装使用鉴定不合格101批,同比增长320.9%;检出出口危险化学品不合格43批,同比增长104.8%。参加全国出口先导指数样本企业4家。组织开展守法规范性培育和信用培育,涉及企业3家。辖区现有高级认证企业5家,实有加工贸易企业15家。办结稽查作业8家次,查发问题6起。办结核查作业44家次,查发问题28起。H986集中审像中心正式运行。全年立案11起。马鞍山综合保税区全年"9710"业务累计出口货值2.7亿元。

(撰稿单位:马鞍山海关)

黄山海关

【概况】1995年3月，总署批复设立黄山海关，隶属合肥海关，为正处级隶属海关。1996年11月，黄山海关正式开关，时任国务院总理李鹏题写关名。辖区为安徽省黄山市全境，包括航空口岸1个（黄山屯溪国际机场）、海关监管作业场所1个。截至2021年12月底，黄山海关下辖5个正科级内设机构：办公室、综合业务一科、综合业务二科、监管科、旅检科科室。行政编制核定30名，实有人员32人（其中关员31人、工人1人），合肥海关党委第四派驻纪检组2人，非在编人员17人。

【党建工作】2021年，黄山海关深入学习贯彻习近平新时代中国特色社会主义思想，扎实开展党史学习教育、十九届六中全会学习教育，认真组织庆祝中国共产党成立100周年系列活动。不折不扣执行"第一议题"制度，关党委集体学习习近平总书记重要指示批示精神17篇次，组织理论学习中心组学习12次，举办专题培训班、读书班2期，召开全面从严治党和党风廉政专题会议2次、意识形态工作会议2次，组织廉政专题学习12次，确保习近平总书记重要指示批示精神一贯到底。用好辖区9个红色教育基地，打造"行走的课堂"，赓续红色血脉，汲取智慧力量。持续推进"支部建在科上"，现有党支部3个。监管科党支部通过全国海关基层党建示范（培育）品牌复核。组织32名处、科级及以下干部配偶、子女及其配偶从业情况自查、申报。开展"推绕拖""懒散浮"专项整治，累计查摆问题9个。常态化开展内务规范督察和纪律作风效能检查24次，被评为效能建设考核优秀单位。开展新冠肺炎疫情防控监督检查12次，发现并督促整改问题4项。深化"现场监管与外勤执法权力寻租"专项整治，查找廉政风险点4个，完善作业流程5项。31名纳入考核的干部学时学分达标，达标率100%。8人次获得动植物检疫、卫生检疫、食品安全等一线岗位技能资质。获得省工会自贸区知识决赛三等奖，1名党员获"安徽青年五四奖章"，1名关员列全国技能比武"百强"。

▲2021年7月1日，黄山海关集体收看中国共产党成立100周年大会实况

▲2021年6月3日，黄山海关组织观看廉政教育片《第一大案》

【海关业务】2021年，黄山海关进出口报关单量752份。全年进口"两步申报"应用率58.70%，出口"提前申报"应用率85%。税收入库1.2亿元，其中关税0.4亿元、进口环节税0.8亿元。加工贸易备案金额5,343万美元，同比增长22.80%。签发出口原产地证书3,317份，签证金额1.49亿美元，可为企业减免进口国（地区）关税548万美元。支持中欧班列"黄山—合肥—塔什干"茶叶专列开行，为安徽茶叶出口开辟了一条全新的陆路物流通道。落实"两危"检验要求，对1,024批出口危险化学品及其包装批批查

▲2021年10月15日，黄山海关关员赴黄山毛峰茶业集团查检

▲2021年9月14日，黄山海关与帮扶村村民、学校学生同做月饼，共度佳节

检，检出不合格95批次。布置监测点12处，捕获病媒生物约1,803只。开展口岸卫生监督54次，发现并妥善处置各类卫生学问题12个。茶叶出口5.9万吨、16.5亿元，出口值占全国总值的1/9，连续14年未发生一起国外通报情事。完成8.96万吨进境粮食后续监管，检疫出境竹藤柳草货值1.92亿元。抽检出口食品12批次、288项次。检出各类进口商品不合格2批次。检出有各类安全隐患的危险品87批次。参加全国出口先导指数样本企业2家。组织开展守法规范性培育和信用培育，涉及企业20家。辖区现有高级认证企业3家，实有加工贸易企业22家。办结稽查作业6家，查发问题5起。办结核查作业26次，查发问题12起。办结行政案件9起。

（撰稿单位：黄山海关）

蚌埠海关

【概况】1995年6月,总署批复设立蚌埠海关,隶属合肥海关,为正处级隶属海关。1997年4月,蚌埠海关正式开关。1998年3月,蚌埠海关监管区域为蚌埠市、淮北市和宿州地区。2016年10月,蚌埠海关监管区域调整为蚌埠市和淮北市。2018年12月,辖区为蚌埠市全境,包括海关特殊监管区域1个[蚌埠(皖北)保税物流中心（B型）]、海关监管作业场所1个[蚌埠港码头海关监管作业场所]。截至2021年12月底,蚌埠海关下辖5个正科级内设机构：办公室、综合业务科、查验科、稽查科、保税监管科。行政编制核定30名,实有人员32人（其中关员32人）,合肥海关党委第五派驻纪检组2人,非在编人员19人。

【党建工作】2021年,蚌埠海关深入学习贯彻习近平新时代中国特色社会主义思想,扎实开展党史学习教育、十九届六中全会学习教育,认真组织庆祝中国共产党成立100周年系列活动。严格落实"第一议题"制度,跟进学习习近平总书记最新重要讲话精神,全年开展"第一议题"学习56篇次,组织理论学习中心组学习25次。打造"崇尚英雄学习英雄"主题文化墙,组织"讲党史,谈感悟"、"百年党史天天读"、"党史书籍我来推"、"百名关员荐百书"、视频录播、微党课等活动。深化"强基提质工程",持续推进"支部建在科上",现有党支部4个,其中"四强"党支部1个。落实全面从严治党主体责任清单,制定2021年全面从严治党重点任务分解表,细化部署35项年度重点任务。制作"基层书记组长谈责任"视频访谈1个。开展"推绕拖""懒散浮"专项整治,查摆涉及"推绕拖"方面问题6个、"懒散浮"方面问题7个,制定21条整改措施。持续推进准军建设,常态化开展内务规范督察和纪律作风效能检查13次。深化"现场监管与外勤执法权力寻租"专项整治，梳理廉政风险点共6个，确定重点岗位4个。所有纳入考核的干部学时学分全部达标，达标率100%。26人次获得动植物检疫、卫生检疫、食品安全等一线岗位技能资质。

▲2021年7月1日，蚌埠海关组织入党宣誓

▲2021年6月11日，蚌埠海关组织节前廉政教育

【海关业务】2021年，蚌埠海关进出口报关单量6,231份，监管进出口货值75.5亿元。税收入库8.1亿元，其中关税1.4亿元、进口环节税6.7亿元。减免税款1,715.1万元。签发出口原产地证书3,886份，签证金额2.1亿美元，可为企业减免进口国（地区）关税852.3万美元。全年共查验211票，查获16票，移交缉私立案处理8票。完成关区最大规模种猪进境、关区首次双孢蘑菇菌种进口监管和39.2万吨进境粮食后续监管，检疫出境竹藤柳草货值0.96亿元。抽检进口食品3批次、32项次，抽检出口食品6批次、18

▲2021年12月23日，蚌埠海关关员对输港肉类罐头进行现场监管

▲2021年8月26日，蚌埠海关派员慰问老山村贫困户

项次。出口动物源性食品安全风险监测计划抽样19个。检出各类进口商品不合格1批次。检出有各类安全隐患的危险品285批次。参加全国出口先导指数样本企业2家。组织开展守法规范性培育和信用培育，涉及企业4家，当年新增高级认证企业1家，辖区现有高级认证企业5家；实有加工贸易企业17家。办结稽查集约化作业19家次，查发问题10起。办结核查作业34家次，查发问题20起。依托保税物流中心，推广"保税备货"模式，推介"区内+区外"联动，打通供应链。全年蚌埠（皖北）保税物流中心实现进出口货值35.75亿元，同比增长26.6%。市场采购贸易累计申报出口货值11.04亿元。

（撰稿单位：蚌埠海关）

铜陵海关

【概况】1997年5月28日,总署批复设立铜陵海关,隶属合肥海关,为正处级隶属海关。1997年6月,铜陵海关正式开关。辖区为铜陵市全境,包括保税监管场所1个[(铜陵(皖中南)保税物流中心(B型)]、海关监管作业场所1个(铜陵港长江外贸码头)。截至2021年12月底,铜陵海关下辖5个正科级内设机构:办公室、综合业务一科、综合业务二科、监管一科、监管二科。行政编制核定30名,实有人员32人(其中关员31人、老工人1人),合肥海关党委第六派驻纪检组2人,非在编人员27人。

【党建工作】2021年,铜陵海关深入学习贯彻习近平新时代中国特色社会主义思想,扎实开展党史学习教育、十九届六中全会学习教育,认真组织庆祝中国共产党成立100周年系列活动。不折不扣执行"第一议题"制度,关党委集体学习习近平总书记重要指示批示精神40篇次,组织理论学习中心组学习12次,举办专题培训班、读书班5期,确保习近平总书记重要指示批示精神一贯到底。用好辖区5个红色教育基地,打造"行走的课堂",赓续红色血脉,汲取智慧力量。持续推进"支部建在科上",现有党支部5个,其中"四强"党支部2个,发展新党员1名。聚焦"围绕中心、建设队伍、服务群众"提供党建创新案例2个。制作"基层书记

▲2021年7月1日,铜陵海关党委中心组进行理论学习

▲2021年11月3日，铜陵海关召开正风肃纪工作部署会

组长谈责任"视频访谈1个。组织31名处、科级及以下干部配偶、子女及其配偶从业情况自查、申报。开展"推绕拖""懒散浮"专项整治，累计查摆问题9个。常态化开展内务规范督察和纪律作风效能检查11次。开展新冠肺炎疫情防控监督检查7次，发现并督促整改问题6项。深化"现场监管与外勤执法权力寻租"专项整治，查找廉政风险点22个，完善作业流程3项。31名纳入考核的干部学时学分达标，达标率100%。11人次获得动植物检疫、卫生检疫、危险品及其包装检验等一线岗位技能资质。

▲2021年4月15日，铜陵海关党支部参观"渡江第一船"遗址

【海关业务】2021年，铜陵海关进出口报关单量7,767票。全年进口"两步申报"应用率5.92%，出口"提前申报"应用率70.82%。共检疫查验出入境交通工具1架（艘）次，检疫出入境人员14人次。税收入库65.74亿元，其中关税0.09亿元、进口环节税65.64亿元。减免税款0.08亿元。签发出口原产地证书2,459份，签证金额1.5亿美元，可为企业减免进口国（地区）关税4,185万元。布置监测点13处，捕获病媒生物约239只，开展口岸卫生监督12次，发现并妥善处置各类卫生学问题18个。截获外来有害生物共8批次、10种次。抽检出口食品4批次、9项次。检出各类进口商品不合格101批次。检出有各类安全隐患的危险品163批次。为进出口企业提供咨询服务260批次。组织开展守法规范性培育和信用培育，涉及企业13家。辖区现有高级认证企业3家，实有加工贸易企业20家。办结稽查作业2家次，查发问题2起。办结核查作业7家次，查发问题6起。

充分发挥关区试点单位作用，采用"船边直提"模式进口货物共计212批、4,614箱次，平均每批货物节省整体通关时间8~11小时，为企业节省物流费用120元/箱次，共计55.4万元。不断开拓海关监管新模式，于12月8日正式启动优化进口米拉多铜精矿检验监管试点工作，先后3次召开党委会、关长办公会专题研究部

▲2021年12月9日,铜陵海关关员对米拉多进口铜精矿进行监管

署,在全关范围内组织2次动员会,组建工作专班克服监管人力资源不足困难,连续奋战11个昼夜,平均每日监管铜精矿3,100余吨,顺利完成首船3.4万吨进口米拉多铜精矿监管工作任务,每船次通关时效较传统模式缩减4天,为企业节省相关费用约80万元,达到改革预期目标。

(撰稿单位:铜陵海关)

阜阳海关

【概况】1996年3月26日，总署批复设立阜阳海关，隶属合肥海关，为正处级隶属海关。1997年8月18日，阜阳海关正式开关。辖区为阜阳市全境，包括公用型保税仓库2个（阜阳颍泉和鸿电器公用型保税仓库、界首三宝棉纺公用型保税仓库）。截至2021年12月底，阜阳海关下辖4个正科级内设机构：办公室、综合业务科、查验科、稽查科。行政编制核定20名，实有人员20人（其中关员19人、工人1人），合肥海关党委第七派驻纪检组2人，非在编人员22人。

【党建工作】2021年，阜阳海关坚持把学习贯彻习近平新时代中国特色社会主义思想作为政治必修课、党性必修课，作为每次党委会第一议题，坚持深入学习贯彻习近平新时代中国特色社会主义思想、党的十九大和十九届历次全会精神，认真落实习近平总书记关于海关工作重要指示批示以及在安徽考察等一系列重要讲话精神，不断提高"政治三力"。全年共开展党委中心组学习20次，关党委集体学习习近平总书记重要指示批示精神45篇次，确保习近平总书记重要指示批示精神一贯到底。扎实开展党史学习教育，上好党史学习教育研讨课、警示课、现场课、实践课和职能课，落细落实"我为群众办实事"实践活动。用好辖区1个红色教育基地，打造"行走的课堂"，赓续红色血脉，汲取智慧力量。持续推进"支部建在科上"，现有党支部4个，其中"四强"党支部1个，发展党员发展对象1名。聚焦"围绕中心、建设队伍、服务群众"提供党建创新案例1个。通过全国海关基层党建示范（培育）品牌复核。持续深化"红梅""王家坝精神"党建品牌，开展"学党史、感党恩、跟党走"微党课和"七一"专题党课活动。选拔年轻党员参加安徽自由贸易试验区建设立功竞赛，荣获"金点子"奖。开展文明城市创建志愿服务，全力投入企业帮扶工作，不断扩大党建影响力。建立履责提醒制度，修订完善党委工作清单、党建工作清单和廉政建设主体责任清单并上墙公示。制作"基层书记组长谈责任"视频访谈1个，定期与党委第七派驻纪检组开展会商，盯住党委成员、科室主要负责人等"关键少数"和加工贸易、稽查、检验检疫和专项工程等重点岗位。组织20名处、科级及以下干部配偶、子女及其配偶从业情况自查、申报。在重要节假日开展党风廉政、酒驾醉驾情况提醒和警示教育。认真落实中央八项规定精神要求，规范公务接待和公务用车管理，以钉钉子精神持续整治"四风"。开展"推绕

▲2021年8月5日，阜阳海关党委召开全面从严治党专题会议

▲2021年6月7日，阜阳海关联合合肥海关机关在王家坝开展主题党日活动

拖""懒散浮"专项整治，累计查摆问题10个。常态化开展内务规范督察和纪律作风效能检查10次，被评为效能建设考核合格单位。认真贯彻"外防输入、内防反弹"总策略，开展新冠肺炎疫情防控监督检查6次，发现并督促整改问题8项。深化"现场监管与外勤执法权力寻租"专项整治，查找廉政风险点4个，制修订规章制度4项，完善作业流程1项。紧盯关键领域、坚守关键节点开展监督检查4次。19名纳入考核的干部学时学分达标，达标率100%。网上专题培训参训12次。10人次获得动植物检疫、卫生检疫、食品安全等一线岗位技能资质。

【海关业务】2021年，阜阳海关进出口报关单量243份。全年进口"两步申报"应用率37.31%，出口"提前申报"应用率98.36%。税收入库480万元，其中关税130万元、进口环节税350万元。减免税款421万元。签发出口原产地证书1,358份。截获外来有害生物共2批次、4种次。完成4.64

▲2021年10月8日,阜阳海关关员首次开展远程可视化属地查检试点作业

万吨进境粮食后续监管。抽检出口食品15批次、262项次。出口动物源性食品安全风险监测计划抽样15个。检出各类进口商品不合格10批次。检出有各类安全隐患的危险品50批次。组织开展守法规范性培育和信用培育,涉及企业5家。辖区现有高级认证企业1家,实有加工贸易企业28家。办结稽查作业5家次,查发问题5起。办结核查作业20家次,查发问题17起。

▲2021年1月24日,阜阳海关开展"迎新春"活动

(撰稿单位:阜阳海关)

池州海关

【概况】2005年7月4日,国务院批准设立池州海关,隶属合肥海关,为正处级隶属海关。2009年3月,池州海关正式开关。辖区为池州市全境,包括海关监管作业场所2个(池州港江口新港区集装箱码头、池州港江口新港区散货码头)、公用型保税仓库3个(菲力克公用型保税仓库、安徽铜冠有色金属公用型保税仓库、池州万仓公用型保税仓库)。截至2021年12月底,池州海关下辖4个正科级内设机构:办公室、综合业务一科、综合业务二科和监管科。行政编制核定21名,实有人员22人,合肥海关党委第八派驻纪检组2人,非在编人员8人。

【党建工作】2021年,池州海关深入学习贯彻习近平新时代中国特色社会主义思想,扎实开展党史学习教育、十九届六中全会学习教育,认真组织庆祝中国共产党成立100周年系列活动。不折不扣执行"第一议题"制度,关党委集体学习习近平总书记重要指示批示精神22篇次,组织理论学习中心组学习10次,确保习近平总书记重要指示批示精神一贯到底。用好辖区5个红色教育基地,打造"行走的课堂",赓续红色血脉,汲取智慧力量。持续推进"支部建在科上",现有党支部4个,发展新党员1名。聚焦"围绕中心、建设队伍、服务群众"提供党建创新案例1个。制作"基层书记组长谈责任"视频访谈1个。组织22名处、科级及以下干部配偶、子女及其配偶从业情况自查、申报。开展"推绕拖""懒散浮"专项整治,累计查摆问题22个。常态化开展内务规范督察和纪律作风效能检查12次。开展新冠肺炎疫情防控监督检查12次,发现并督促整改问题5项。深化"现场监管与外勤执法权力寻租"专项整治,查找廉政风险点3个,制修订规章制度1项,完善作业流程10项。紧盯关键领域、坚守关键节点开展监督检查3次。22名纳入考核的干部学时学分达标,达标率100%。网上专题培训参训75次。35人次获得动植物检疫、卫生检疫、食品安全等一线岗位技能资质。

▲2021年6月4日，池州海关关员参观东至县木塔红军纪念馆

▲2021年9月26日，池州海关年轻关员演绎红色情景剧《半条被子》

【海关业务】2021年，池州海关进出口报关单量0.1万份。全年进口"两步申报"应用率20%，出口"提前申报"应用率47.76%。税收入库10亿元，其中关税0.1亿元、进口环节税9.9亿元。签发出口原产地证书0.2万份，签证金额0.6亿美元，可为企业减免进口国（地区）关税344.5万美元。布置监测点4处，捕获病媒生物约857只，开展口岸卫生监督22次，发现并妥善处置各类卫生学问题2个。截获外来有害生物共9批次、63种次。完成4.18万吨进境粮食后续监管。抽检进口食品2批次、30项次。抽检出口食品2批次、30项次。出口动物源性食品安全风险监测计划抽样10个。检出各类进口商品不合格62批次。检出有各类安全隐患的危险品86批次。参加全国出口先导指数样本企业1家。为进出口企业提供咨询服务50批次。组织开展守法规范性培育和信用培育，涉及企业7家。辖区现有高级认证企业1家，实有加工贸易企业6家。办结稽查作业5家次，查发问题3起。办结核查作业27家次，查发问题7起。

▲2021年8月5日，池州口岸首票"抵港直装"出口货物顺利通关

▲2021年3月8日，池州海关开展妇女节活动

（撰稿单位：池州海关）

滁州海关

【概况】2009年8月19日，总署批复设立滁州海关，隶属合肥海关，为正处级隶属海关。2012年12月26日，滁州海关正式开关。辖区为滁州市全境，包括公用型保税仓库1个（安徽同康公用型保税仓库）。截至2021年12月底，滁州海关下辖4个正科级内设机构：办公室、综合业务科、稽查科、查验科。行政编制核定20名，实有人员21人，合肥海关党委第九派驻纪检组2人，非在编人员15人。

【党建工作】2021年，滁州海关深入学习贯彻习近平新时代中国特色社会主义思想，扎实开展党史学习教育、十九届六中全会学习教育，认真组织庆祝中国共产党成立100周年系列活动。不折不扣执行"第一议题"制度，关党委集体学习习近平总书记重要指示批示精神24篇次，组织理论学习中心组学习12次，举办专题培训班、读书班1期，确保习近平总书记重要指示批示精神一贯到底。用好辖区红色教育基地，打造"行走的课堂"，赓续红色血脉，汲取智慧力量。持续推进"支部建在科上"，现有党支部2个，其中"四强"党支部1个。聚焦"围绕中心、建设队伍、服务群众"提供党建创新案例3个。制作"基层书记组长谈责任"视频访谈1个。组织23名处、科级及以下干部配偶、子女及其配偶从业情况自查、申报。开展"推绕拖""懒散浮"专项整治，累计查摆问题8个。常态化开展内务规范督察和纪律作风效能检查12次，被评为效能建设考核优秀单位。开展新冠肺炎疫情防控监督检查8次，发现并督促整改问题4项。深化"现场监管与外勤执法权力寻租"专项整治，查找廉政风险点4个，制修订规章制度3项，有针对性地制定防控措施10条。紧盯关键领域、坚守关键节点开展监督检查1次。21名纳入考核的干部学时学分达标，达标率100%。67人次获得动植物检疫、卫生检疫、食品安全等一线岗位技能资质。

▲2021年6月15日,滁州海关党委书记、关长李永春主讲"七一"党课

▲2021年5月13日,滁州海关组织参观廉政教育基地

【海关业务】2021年,滁州海关进出口报关单量0.76万份。全年进口"两步申报"应用率50.61%,出口"提前申报"应用率87.82%。备案跨境电商企业2家。税收入库4.4亿元,其中关税0.62亿元、进口环节税3.78亿元。减免税款0.17亿元。签发出口原产地证书0.72万份,签证金额5.38亿美元,可为企业减免进口国(地区)关税0.26亿美元。截获外来有害生物共4批次、5种次。完成59万吨进境粮食后续监管,检疫出境竹藤柳草货值4.8亿元。抽检进口食品4批次、53项次。抽检出口食品14批次、79项次。出口动物源性食品安全风险监测计划抽样59个。检出各类进口商品不合格14批次。检出有各类安全隐患的危险品241批次。参加全国出口先导指数样本企业7家。为进出口企业提供咨询服务212批次。组织开展守法规范性培育和信用培育,涉及企业5家。辖区现有高级认证企业1家,实有加工贸易企业33家。办结稽查作业14家次,查发问题12起。办结核查作业30家次,查发问题7起。

▲2021年12月13日,滁州海关关员开展出口球兰现场监管

▲2021年6月10日,滁州海关职工欢度端午佳节

(撰稿单位:滁州海关)

宣城海关

【概况】2012年2月，总署批复设立宣城海关，隶属合肥海关，为正处级隶属海关。2014年12月，宣城海关正式开关。辖区为宣城市全境，包括皖东南保税物流中心（B型）、安徽宁川贸易有限公司公用型保税仓库（在建）。截至2021年12月底，宣城海关下辖4个正科级内设机构：办公室（党委组织宣传部）、综合业务科、查验科、稽查科。行政编制核定21名，实有人员17人，合肥海关党委第一派驻纪检组4人（常驻芜湖海关）。2021年4月中旬新一届关党委成立后，在充分调研的基础上，确立"用智慧换人力，以制度促规范"的工作思路。全面清理制度51项。对皖东南B保管理和广德、郎溪两地业务推进联合监管试点，发挥主动、提升质量、降低风险成效初现。科长试用期满转正、副科长选任各2人，岗位调整5人，营造风清气正的政治生态。2021年度客观指标考核为合肥关区平衡型海关第二。关领导班子2021年度考核为关区优秀。

【党建工作】2021年，宣城海关深入学习贯彻习近平新时代中国特色社会主义思想，扎实开展党史学习教育、十九届六中全会学习教育，认真组织庆祝中国共产党成立100周年系列活动。不折不扣执行"第一议题"制度，关党委集体学习习近平总书记重要讲话和指示批示精神45篇次，组织理论学习中心组学习14次，举办专题培训班、读书班2期，确保习近平总书记重要指示批示精神一贯到底。用好辖区红色教育基地，打造"行走的课堂"，赓续红色血脉。持续推进"支部建在科上"，现有党支部3个，"四强"党支部增至2个。聚焦"围绕中心、建设队伍、服务群众"提供党建创新案例7个。制作"基层书记组长谈责任"视频访谈1个。组织17名处、科级及以下干部配偶、子女及其配偶从业情况自查、申报。开展"推绕拖""懒散浮"专项整治，累计查摆问题 12 个。开展新冠肺炎疫情防控监督检查 2 次，发现并督促整改问题 2 项。常态化开展内务规范督察和纪律作风效能检查 14 次，纠正问题 16 个。深化"现场监管与外勤执法权力寻租"专项整治，查找廉政风险点 5 个。坚持监督执纪"四种形态"的运用，全年开展提醒谈话 4 人次。勇夺中国（安徽）自由贸易试验区建设立功竞赛三等奖、优秀组织奖和个人岗位标兵等荣誉。反哺社会，开展"筑梦畲族学子 助力乡村振兴"捐资助学和无偿献血等志愿活动，荣获省级"无偿献血先进集体""青年文明号"等荣誉称号。17 名纳入考核的干部学时学分达标，达标率 100%。47 人次获得各类资质，其中取得危险品岗位技能资质 13 人，占关员总数的 72.2%。

【海关业务】2021 年，宣城海关进出口报关单量 6,869 份。全年进口"两步申报"应用率 46.08%，出口"提前申报"应用率 90.83%。税收入库 7,883.38 万元，其中关税 2,568.62 万元、进口环节税 5,314.76 万元。减免税款 166 万元。以"强宣传"为突破，全年被采用新闻信息 45 篇、100 条，同比增长均近 20%。"皖风和韵""金钥匙"微信公众号分别采用 24 篇、6 篇，同比分别增长 33%、500%。以"办实事"为宗旨，推动原产地自助打印入驻各县市区政务中心，全覆盖便利中小微企业。全年签发原产地证 9,168 份、金额 4.79 亿美元，同比分别增长 17.2%、45.4%，为全市出口企业享受进口国（地区）关税优惠约 1,108 万美元。全年完成进口目的地和 B 保查验 125 批次，同比增长 7%。截获外来有害生物 2 批次、6 种次。进口食品检出不合格 2 批次。受理、监管进境粮食 38 批次、11.5 万吨，同比分别增长 120%、280%。出口竹木草查验 68 批次，出口量和查验量在关区分别排名

▲2021 年 8 月 13 日，宣城海关组织召开警示教育大会

▲2021 年 9 月 9 日，宣城海关第一党支部进行党史学习

▲2021年9月7日，宣城海关关员对出口扬子鳄养殖场进行查验

▲2021年6月13日，宣城海关关员开展后续监管

第四和第三。出口危险品查验及不合格检出分别为1,799批次、186批次，同比分别增长37%、260%。以"准分析"为桥梁，全年监测预警13篇次，其中4篇转化报告省政府，辅助参考决策。运用联合监管试点推动B保管理，助力提升其经济效益和社会效益。积极指导宁国市申建保税仓库，发挥汽配产业的集聚效应。辖区共有进出口实绩企业733家，其中高级认证企业2家、实有加工贸易企业33家。办结稽查作业11家次，查发问题9起。办结核查作业35家次，查发问题16起。移交案件线索9条，办结行政案件8起。2021年宣城市外贸进出口总值182.8亿元，同比增长36.1%，增速分别高于全国、全省14.7和9.1个百分点，总值和增速在全省分列第六和第三位。

（撰稿单位：宣城海关）

宿州海关

【概况】2016年10月9日,总署批复设立宿州海关,隶属合肥海关,为正处级隶属海关。2016年10月26日,宿州海关正式开关。辖区为宿州市全境,包括公用型保税仓库2个(宿州皖北保税仓储物流有限公司、中物联创公用型保税仓库)。截至2021年12月底,宿州海关下辖3个正科级内设机构:办公室、综合业务科、查验科。行政编制核定15名,实有人员15人(其中关员15人、老工人0人),合肥海关党委第十一派驻纪检组1人,非在编人员9人。

【党建工作】2021年,宿州海关深入学习贯彻习近平新时代中国特色社会主义思想,扎实开展党史学习教育、十九届六中全会学习教育,认真组织庆祝中国共产党成立100周年系列活动。不折不扣执行"第一议题"制度,关党委集体学习习近平总书记重要指示批示精神43篇次,组织理论学习中心组学习17次,确保习近平总书记重要指示批示精神一贯到底。用好辖区4个红色教育基地,打造"行走的课堂",赓续红色血脉,汲取智慧力量。持续推进"支部建在科上",现有党支部2个,业务党支部参与关区"四强"党支部争创。聚焦"围绕中心、建设队伍、服务群众"提供党建创新案例1个。制作"基层书记组长谈责任"视频访谈1个。组织15名处、科级及以下干部配偶、子女及其配偶从业情况自查、申报。开展"推绕拖""懒散浮"专项整治,累计查摆问题7个。常态化开展内务规范督察和纪律作风效能检查12次。获评市综合目标管理绩效考核优秀单位。开展新冠肺炎疫情防控监督检查6次,发现并督促整改问题5项。深化"现场监管与外勤执法权力寻租"专项整治,查找廉政风险点4个,完善作业流程2项。15名纳入考核的干部学时学分达标,达标率100%。网上专题培训参训79人次。6人次获得动植物检疫、卫生检疫、食品安全等一线岗位技能资质。

▲2021年11月7日，宿州海关开展主题党日活动

▲2021年7月12日，宿州海关邀请特邀监督员赵乾慧开展廉政讲座

【海关业务】2021年，宿州海关进出口报关单量968份。全年进口"两步申报"应用率40%，出口"提前申报"应用率90%。备案跨境电商企业4家。税收入库3,608.3万元，其中关税36.7万元、进口环节税3,571.6万元。减免税款8.2万元。签发出口原产地证书2,679份，签证金额1.9亿美元，可为企业减免进口国（地区）关税5,163万元。截获外来有害生物2批次、10种次。检验检疫供港活牛47批次、1,680头，农兽药残留监测70项次，疫病监测160头份。完成23.6万吨进境粮食后续监管。抽检出口食品21批次、54项次，检出不合格样品5个。检出各类进口商品不合格3批次。检出有各类安全隐患的危险品43批次。参加全国出口先导指数样本企业1家。为进出口企业提供咨询服务20批次。组织开展守法规范性培育和信用培育，涉及企业10家。辖区现有高级认证企业1家，实有加工贸易企业16家。办结核查作业27家次，查发问题8起，移交缉私线索2起。办结行政案件5起。办结核查作业24起。

▲2021年12月6日，宿州海关关员对供港活牛开展国门生物安全监测

▲2021年11月23日，宿州海关开展"我为群众办实事"主题党日活动

（撰稿单位：宿州海关）

淮北海关

【概况】2018年12月，总署批准成立淮北海关，隶属合肥海关，为正处级隶属海关。辖区为淮北市全境。截至2021年12月底，淮北海关下辖3个正科级内设机构：办公室、查验科、综合业务科。行政编制核定15名，实有人员11人，合肥海关党委第十一派驻纪检组1人，非在编人员15人。

【党建工作】2021年，淮北海关认真学习贯彻落实习近平新时代中国特色社会主义思想和党的十九大以及党的十九届历次全会精神，扎实推动党史学习教育，推进"我为群众办实事"实践项目。严格落实"第一议题"制度，全年组织党委理论学习中心组学习13次，举办专题读书班，深刻领会"两个确立"重大意义。不断深挖党支部"合金螺丝钉""淮海小推车"品牌内涵，积极申报"四强"党支部，以品牌创建推动党建与业务深度融合。组织机关工会委员会改选工作。制作"基层书记组长谈责任"视频访谈1个。组织11名处、科级及以下干部配偶、子女及其配偶从业情况自查、申报。开展"推绕拖""懒散浮"专项整治，累计查摆问题9个。常态化开展内务规范督察和纪律作风效能检查8次。开展新冠肺炎疫情防控监督检查12次，发现并督促整改问题6项。深化"现场监管与外勤执法权力寻租"专项整治，查找廉政风险点4个，完善规章制度2项、作业流程3项。紧盯关键领域、关键节点开展监督检查4次。11名纳入考核的干部学时学分达标，达标率100%。网上专题培训参训4次。1人次获得动植物检疫、卫生检疫、食品安全等一线岗位技能资质。

（撰稿单位：淮北海关）

淮南海关

【概况】2018年12月14日,总署批复设立淮南海关。隶属合肥海关,为正处级隶属海关。辖区为淮南市全境,包括公用型保税仓库1个(淮南经济开发区公用型保税仓库)。截至2021年12月底,淮南海关下辖3个正科级内设机构:办公室、综合业务科、查验科。行政编制核定15名,实有人员12人,合肥海关党委第五派驻纪检组2人,非在编人员17人。

【党建工作】2021年,淮南海关深入学习贯彻习近平新时代中国特色社会主义思想,扎实开展党史学习教育、十九届六中全会学习教育,认真组织庆祝中国共产党成立100周年系列活动。不折不扣执行"第一议题"制度,关党委集体学习习近平总书记重要指示批示精神37篇次,组织理论学习中心组学习31次,确保习近平总书记重要指示批示精神一贯到底。用好辖区

▲2021年11月17日,淮南海关组织开展队列训练

▲2021年10月27日,淮南海关开展党风廉政主题党课——"廉洁"书法课堂

▲2021年6月19日,淮南海关干部职工赴淮南市大通万人坑教育馆参观

3个红色教育基地,打造"行走的课堂",赓续红色血脉,汲取智慧力量。持续推进"支部建在科上",现有党支部2个,其中"四强"党支部1个,发展新党员2名。制作"基层书记组长谈责任"视频访谈1个。组织12名处、科级及以下干部配偶、子女及其配偶从业情况自查、申报。开展"推绕拖""懒散浮"专项整治,累计查摆问题3个。常态化开展内务规范督察和纪律作风效能检查10次。开展新冠肺炎疫情防控监督检查13次,发现并督促整改问题12项。深化"现场监管与外勤执法权力寻租"专项整治,查找廉政风险点4个,完善作业流程4项。12名纳入考核的干部学时学分达标,达标率100%。5人次获得动植物检疫、卫生检疫、食品安全等一线岗位技能资质。

【海关业务】2021年,淮南海关累计接受进出口货物申报173票,货值9,800万元。全年进口"两步申报"应用率60.53%,出口"提前申报"应用率65.28%。征收税款966.8万元,减免两税138.7万元。受理进出口检验检疫488批次,货值1.7亿元。签发原产地证书518份,签证金额2,790万美元,可为出口企业减免关税约140万美元。全年进出口平均整体通关时间同比压缩近50%。注册船舶备案13艘,办理出境竹木草制品生产加工企业注册登记1家,办理进境粮食加工企业备案3家,快速验放矿用设备6批。截获外来有害生物共1批次、1种次。完成4万吨进境粮食后续监管,检疫出境竹藤柳草货值0.96亿元。出口动物源性食品安全风险监测计划抽样7个。检出各类进口商品不合格2批次。检出有各类安全隐患的危险品10批次。参加全国出口先导指数样本企业1家。为进出口企业提供咨询服务26批次。组织开展守法规范性培育和信用培育,涉及企业1家。辖区实有加工贸易企业9家。办结核查作业13家次,查发问题6起。行政立案5起。

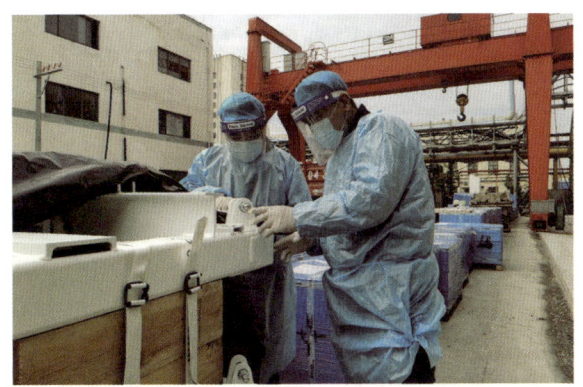

▲2021年4月29日,淮南海关关员对矿井设备实施监管

(撰稿单位:淮南海关)

六安海关

【概况】2018年12月,总署批复设立六安海关,隶属合肥海关,为正处级隶属海关。2020年12月,六安海关正式开关。辖区为六安市全境,包括公用型保税仓库2个(安徽速搜物流公用型保税仓库、安徽一隆公用型保税仓库)。截至2021年12月底,六安海关下辖3个正科级内设机构:办公室、综合业务科、查验科。行政编制核定15名,实有关员12人,合肥海关党委第九派驻纪检组2人(常驻滁州海关),非在编人员11人。

【党建工作】2021年,六安海关深入学习贯彻习近平新时代中国特色社会主义思想,扎实开展党史学习教育、十九届六中全会学习教育,认真组织庆祝中国共产党成立100周年系列活动。不折不扣执行"第一议题"制度,关党委集体学习习近平总书记重要指示批示精神36篇次,组织理论学习中心组学习8次,举办专题培训班、读书班2期,确保习近平总书记重要指示批示精神一贯到底。用好辖区2个红色教育基地,打造"行走的课堂",赓续

▲2021年4月28日,合肥海关关长辛建民在金寨县调研乡村振兴工作

红色血脉，汲取智慧力量。持续推进"支部建在科上"，现有党支部3个，发展新党员1名。制作"基层书记组长谈责任"视频访谈1个。组织12名处、科级及以下干部配偶、子女及其配偶从业情况自查、申报。开展"推绕拖""懒散浮"专项整治，累计查摆问题10个。常态化开展内务规范督察和纪律作风效能检查12次。开展新冠肺炎疫情防控监督检查12次，发现并督促整改问题6项。深化"现场监管与外勤执法权力寻租"专项整治，查找廉政风险点5个，制修订规章制度32项。紧盯关键领域、坚守关键节点，开展监督检查3次。12名纳入考核的干部学时学分达标，达标率100%。2人次获得动植物检疫、卫生检疫、食品安全等一线岗位技能资质。

▲2021年8月12日，六安海关组织观看警示教育片《巡视利剑》

【海关业务】2021年，六安海关进出口报关单量1,190份。全年进口"两步申报"应用率64.84%，出口"提前申报"应用率85.24%。税收入库0.87亿元，其中关税1,778.18万元、进口环节税6,923万元。减免税款535.1万元。进、出口整体通关时间分别为22.08小时和1.64小时，同比分别下降42.74%和33.82%。签发出口原产地证书3,124份，签证金额1.83亿美元，可为企业减免进口国（地区）关税602万美元。截获外来有害生物共2批次、2种次。完成6.1万吨进境粮食后续监管，检疫出境竹藤柳草货值8.1亿元，检疫出境羽绒羽毛货值8.79亿元。开展诱捕具条实蝇53只，外来杂草监测12次。抽检进口食品2批次、130项次。

▲2021年11月19日，六安海关关员在企业现场监管

▲2021年12月15日，六安海关赴舒城县姜湾村开展帮扶活动

抽检出口食品6批次、80项次。出口动物源性食品安全风险监测计划抽样50个。检出各类进口商品不合格2批次。检出有各类安全隐患的危险品27批次。为进出口企业提供咨询服务132批次。组织开展守法规范性培育和信用培育，涉及企业5家。辖区现有高级认证企业1家，实有加工贸易企业19家。办结核查作业38家次，查发问题16起。行政立案5起，涉税5.3万元。移交缉私局案件线索1条。

（撰稿单位：六安海关）

亳州海关

【概况】2018年12月,总署批复设立亳州海关,隶属合肥海关,为正处级隶属海关。2019年12月26日,亳州海关正式开关。辖区为亳州市全境,包括公用型保税仓库2个(博帆公用型保税仓库、药投公用型保税仓库)。截至2021年12月底,亳州海关下辖3个正科级内设机构:办公室、综合业务科、查验科。行政编制核定15名,实有人员12人,合肥海关党委第七派驻纪检组2人,非在编人员11人。

【党建工作】2021年,亳州海关深入学习贯彻习近平新时代中国特色社会主义思想,扎实开展党史学习教育、十九届六中全会学习教育,认真组织庆祝中国共产党成立100周年系列活动。不折不扣执行"第一议题"制度,关党委集体学习习近平总书记重要指示批示精神46篇次,组织理论学习中心组学习10次,举办专题学习研讨4次,开展"每周一课"集中研讨4次,举办专题读书班1期,确保习近平总书记重要指示批示精神一贯到底。用好辖区2个红色教育基地,打造"行走的课堂",赓续红色血脉,汲取智慧力量。持续推进"支部建在科上",现有党支部2个,其中"四强"党支部2个,发展新党员1名。聚焦"围绕中心、建设队伍、服务群众"提供党建创新案例2个。亳州海关查验科党支部通过全国海关基层党建示范(培育)品牌复核。制作"基层书记组

▲2021年7月1日,亳州海关组织收看庆祝中国共产党成立100周年大会

▲2021年6月9日，亳州海关赴皖北烈士陵园开展主题党日活动

长谈责任"视频访谈1个。组织12名处、科级及以下干部配偶、子女及其配偶从业情况自查、申报。设置廉政格言墙，全体关员手书廉政格言，作出廉政承诺。抓好巡察、审计反馈意见整改落实，切实防范化解执法领域和非执法领域的廉政风险。编制《亳州海关廉洁从政手册（第一版）》，对党委班子及成员、科室人员进行全岗位廉政"画像"，明确岗位职责、廉政风险、防控措施，打通全面从严治党"最后一公里"。以绩效考核为抓手，设立业务资质墙，鼓励关员考取业务资质，全员取得危险化学品岗位资质。与庐州海关签订2项协议，定期选派关员赴庐州海关跟班学习，提升业务能力。开展"推绕拖""懒散浮"专项整治，累计查摆问题8个，制定13项整改措施，明确责任科室和整改时限。持续深化准军建设，建立内务督察制度，由关领导带队，每周对疫情防控、办公秩序、环境卫生、着装仪容、场所安全等开展全方位内务督察，发布督察通报。全年开展内务督察24次，点名道姓通报16人次。被评为效能建设考核良好单位。深化"现场监管与外勤执法权力寻租"专项整治，共排查廉政执法风险节点12个、重点岗位3个，对照机关党委制定的"一方案三清单"，持续抓好自查自纠和廉政风险排查工作，确保问题整改落实到位，建立完善工作机制。印制专项整治宣传"掌中宝"，将举报渠道公示和举报奖励公示双面印制在一手可持、方便携带的小卡片上，在报关厅、外勤作业现场主动向企业发放，累计发放200余张。将总署下发的《海关工作人员廉洁从政法律法规制度选编》印制成册，做到人手一册，方便干部职工学习。建立关领导跟班作业评价制度，督促规范外勤执法作业。12名纳入考核的干部学时学分达标，达标率100%。17人次获得动植物检疫、卫生检疫、食品安全等一线岗位技能资质。

▲2021年4月21日，亳州海关组织开展队列训练

▲2021年5月27日,亳州海关在"我为群众办实事"实践活动中调研

【海关业务】2021年,亳州海关进出口报关单量1,188份。全年进口"两步申报"应用率78.4%,出口"提前申报"应用率61.8%。税收入库6,318.2万元,其中关税1,592.4万元、进口环节税4,725.8万元。减免税款33.3万元。签发出口原产地证书1,239份,签证金额1.6亿美元,可为企业减免进口国(地区)关税约800万美元。完成138万吨进境粮食后续监管,检疫出境竹藤柳草货值1.32亿元。抽检出口食品3批次、55项次。检出各类进口商品不合格50批次。检出有各类安全隐患的危险品47批次。参加全国出口先导指数样本企业2家。为进出口企业提供咨询服务12批次。组织开展守法规范性培育和信用培育,涉及企业4家。辖区现有高级认证企业2家,实有加工贸易企业10家。办结核查作业26家次,查发问题13起。

辖区"药信"品牌顺利通过知识产权海关备案。办理加工贸易货物出口转内销业务51批,内销金额2,916.65万美元。辖区企业进口中药材6,196吨、货值0.96亿元,同比分别增长67.2%、62.2%。亳州中药材技术性贸易措施研究评议基地作用持续发挥。与总署标法中心合作开展全国出口中药材企业2020年遭遇国外技术性贸易措施影响专项调查,选取辖区9家中药材进出口重点企业作为监测点,参与总署科研项目"技术性贸易措施研究评议基地工作规范"行业标准制定。牵头组织开展严厉打击野生动植物及其产品走私专项行动。

(撰稿单位:亳州海关)

第七篇

事业单位

合肥海关技术中心

【概况】合肥海关技术中心（以下简称"技术中心"）是隶属于合肥海关的公益二类事业单位。主要职责是为合肥海关监管、征税、检验检疫、缉私职能的履行提供技术支撑，承担关区进出境货物的实验室检验、检测、检疫、鉴定、风险分析；承担上述领域科研与技术开发、服务，提供技术咨询和培训；开展海关技术规范标准的制修订；开展对外技术合作与交流；承担政府部门、社会组织、企业及个人委托的实验室检验、检测、检疫、鉴定及其他业务。技术中心现有职工150人，核心团队硕士以上学历占60%。实验室拥有国际先进水平的仪器设备1,340台套，价值2亿元。内设机构15个：办公室、财务部、保障部、质量部、市场部、检验部、归类鉴定实验室、食品化学实验室、食品微生物实验室、动植物检疫实验室、纺织实验室、工业消费品实验室、校准实验室、茶叶及农产品检测实验室、化矿金检测实验室。

【执法保障】2021年，技术中心完成执法保障6,089批、39,499项次，同比分别增长38%、44%。开展2,339头进口种猪检疫工作，完成11个项目、23,479项次实验室检疫，检出甲型H1N1流感、猪传染性胸膜肺炎等阳性样本十余头份，确保优质种猪资源的安全引进。首次承接进口熊蜂检疫、果园中监测项目亚洲梨火疫病菌的检测等新项目。检出有害生物659种次，橘大实蝇、蒺藜草等检疫性有害生物9种67种次，其中月见草跳甲、球花豆、球形环螆等为全国首次截获。水生动物监控样品中检出白斑病毒4次。全年检出进出口食品不合格样品35批次，2批次橡胶样品海关归类鉴定与申报类别不符。完成美国农业部食品安全检验局涉及畜禽肉及水产品官方实验室监控视频检查工作。为关区口岸新冠病毒核酸检测提供安全可靠的技术支撑，完成46批次、747项次新冠病毒核酸检测。筑牢国家生态安全防护网，完成405批次、2,266项次矿产品元素含量检测。

【市场业务】2021年，技术中心接受各类委托39,748批、375,639项次。完成国家市场监督管理总局及安徽省、浙江省、重庆市以及南京、合肥等各级市场监管部门委托的食品抽检任务1.6万批次。首次承接历年来单票体量最大的重庆市食品专项抽检任务5,815批次。在国家市场监督管理总局国本级承检机构年度考核中的排名从48位晋升至24位。

【科研创新】2021年，技术中心1项科研成果被总署评定为三级成果，1项科研成果获安徽省科技进步二等奖；完成国家质量基础课题子任务"太平猴魁产地判别技术研究"；安徽省对外科技合作项目"服务长三角跨境食品安全技术平台开发及其示范应用"通过验收；"磁性介孔碳—分子印迹聚合物材料在食品中邻苯二甲酸酯快速分离分析中的应用"等两项科研项目通过总署验收。全年发表论文10篇，其中SCI收录4篇。申请发明专利1项，授权实用新型专利1项，登记软件著作权4项。

【能力建设】2021年，技术中心申请CMA扩项评审2次，获得CMA新增能力范围1,000余项次。通过CATL扩项评审，获得了76项绿色产品、522项绿色食品及产地环境参数的检测能力认定。参加各类能力验证、测量审核及盲样考核等外部质量控制工作100余项次。

【对外合作】2021年，技术中心与安徽医科大学签订关校合作协议，积极对接协议各项议题，涵盖科研合作、技术平台服务、实习基地、职工医疗等方面。黄山实验室与皖南医学院检验学院共建实习基地。化矿金实验室（铜陵）积极配合全国首个优化自有境外矿山进口铜精矿监管通关模式的铜陵有色金属集团股份有限公司试点米拉多铜矿项目矿产品元素含量监管检测。

（撰稿单位：合肥海关技术中心）

安徽国际旅行保健中心（合肥海关口岸门诊部）

【概况】安徽国际旅行保健中心（合肥海关口岸门诊部）（以下简称"保健中心"）是隶属于合肥海关的公益二类事业单位。主要职责是承担出入境人员传染病监测、健康体检、预防接种、旅行医学咨询及医疗保健门诊等工作；承担卫生检疫技术科研开发与技术服务工作。保健中心现有职工82人，其中正高级职称1人、副高级职称7人、中级职称35人；在编职工19人，医学专业技术人员中正高级职称1人、副高级职称4人、中级职称5人。内设机构8个：办公室、旅行医学部、检验部（口岸工作部）、业务拓展部、医务部、芜湖分中心、安庆分中心、阜阳分中心。2021年，保健中心主持总署科技计划项目"安徽口岸吸血蠓种类检测与分类研究"（项目编号2019HK142）。授权实用新型专利3项，参与起草标准1项。获得"全国三八红旗集体""安徽省劳动竞赛先进集体""安徽省青年文明号"等荣誉称号。

【新增资质】2021年，保健中心狂犬病暴露预防处置门诊对外开诊；安徽省卫健委、合肥市卫健委公布保健中心为首批新冠病毒疫苗接种单位。

【实验室建设】2021年，保健中心安排资金进行实验室改造；总署与安徽省签订合作备忘录确定共建医学媒介生物（蜱螨）重点实验室。保健中心获得总署基础设施和仪器设备配置专项预算，添置各项仪器设备。

【业务发展】2021年，保健中心共完成29,653人份新冠病毒核酸检测，结果全部为阴性。接种新冠病毒疫苗24,273剂次。出入境人员传染病监测9,613人次，疟疾检测5人。检出传染病共309例。签发健康检查证书9,587份。出入境人员预防接种8,329人次，签发疫苗接种或预防措施国际证书5,682份。狂犬病暴露预防处置门诊接诊718人。职业体检14,865人，同比增长32.51%。受总署、国家卫健委共同推荐，接受世界卫生组织中国消除疟疾现场评估专家组现场考核，通过验收并获得专家组充分肯定。

（撰稿单位：安徽国际旅行保健中心）

合肥海关后勤管理中心

【概况】合肥海关后勤管理中心（以下简称"后勤管理中心"）直属合肥海关，主要承担合肥海关委托的后勤产业综合服务保障，重大公务活动服务保障，机关关警员和职工生活管理服务，机关办公用房及附属设施的管理维护，机关公务车辆及社会化通勤用车的管理保障，机关安全保卫、环境卫生、绿化、消防、防汛管理等工作。编制人员62人，其中财政补助48名、经费自理14名。在编人员41人，劳动合同用工104人。内设综合财务科、物业管理科、膳食科、综合保障科、车辆管理科、采购科6个科。下设17个分支机构：机场分中心、庐州分中心、芜湖分中心、安庆分中心、马鞍山分中心、黄山分中心、蚌埠分中心、铜陵分中心、阜阳分中心、池州分中心、滁州分中心、宣城分中心、宿州分中心、淮北分中心、淮南分中心、六安分中心、亳州分中心。2021年，培养发展了2名预备党员，1名优秀党员受合肥海关机关表彰。

【综合保障】2021年，后勤管理中心对职工活动中心等设施进行了维护和更新，扩大调整退休老干部活动室。举行年度消防演习，开展厨师厨艺交流活动，保障各类公务活动208场次。执行合肥海关公务接待和公务用车管理规定，指导各隶属海关做好租赁车辆使用管理。安全行驶8.7万多公里，出车486趟次。依法做好合同签订，签订合同47份。

【疫情防控】2021年，后勤管理中心强化办公院区的出入人员疫情监控。加密餐厅、电梯、会议室等公共场所消毒频次，严格落实健康监测"日报告、零报告"制度。对聘用人员定期开展核酸检测。当年在编和非编人员共145人，除5人有禁忌症外全部完成疫苗接种。

【集约化管理】2021年，后勤管理中心通过安徽宏达物业管理有限公司、安徽海馨商务管理有限公司、安徽英斯佩克技术咨询服务公司搭建关区大后勤服务平台。统筹后勤管理中心本级和分中心发展，缓解中心财政资金严重不足的困难，积极创造条件为隶属海关做好后勤服务和保障工作。

（撰稿单位：合肥海关后勤管理中心）

中国电子口岸数据中心合肥分中心

【概况】中国电子口岸数据中心合肥分中心（以下简称"分中心"）是中国电子口岸数据中心（以下简称"数据中心"）设在合肥的分支机构，实行直属海关和数据中心双重领导的管理体制，属合肥海关代管的公益二类事业单位。主要职责是承担关区电子口岸执法系统、应用等项目企业端的运行、维护管理；协助数据中心做好中国国际贸易"单一窗口"标准版在安徽省内推广运维，参与安徽口岸信息化项目建设，承担安徽省口岸信息化系统与中国国际贸易"单一窗口"交换协同工作；承办安徽省电子口岸政务卡、企业卡入网的身份鉴别、录入、制作等工作。内设综合部、技术运行部、市场发展部3个部门。下设全资子公司安徽电子口岸有限责任公司。现有工作人员13人，其中在编人员4人。

【"单一窗口"标准版】2021年，分中心配合数据中心完成新版原产地综合服务平台系统切换工作，QP预录入系统下线工作，以及电子口岸身份认证管理系统及"单一窗口"货物申报系统、税费支付系统、金关二期加工贸易系统、跨境电子商务统一版通关服务系统等优化更新工作。

【电子口岸卡】2021年，分中心共为5,455家企业办理电子口岸业务，其中现场办理2,926家、网上办理2,529家。按业务类型分析，新入网企业2,934家，延期/解锁企业820家，变更企业1,019家，新增/补办卡企业597家，注销企业85家。热线客服解答企业各类问题咨询10,540条。

【跨境通道业务】2021年，分中心完成69家企业跨境数据交换通道办理工作，其中合肥蜀山跨境园区14家、合肥经济技术开发区综合保税区11家、合肥新站综合保税区8家、芜湖综合保税区26家、马鞍山综合保税区10家。完成26家企业数字证书申请审批。

【"关银一KEY通"项目】2021年，分中心与中国建设银行安徽省分行就"关银一KEY通"项目在全国率先签署合作协议，便利关区外贸企业就近办理电子口岸入网及"共享盾"申领、补办、解锁等业务。为3,458家电子口岸新入网企业制发"共享盾"5,842个。

【跨境电商数据交换二级节点】2021年，分中心编制《安徽省跨境电商数据交换二级节点建设方案》，通过安徽省数据资源管理局项目预算审核，并确定项目建设金额。

【信息化项目】2021年，分中心开展建设的关区信息化项目包括蚌埠采购贸易平台项目、安庆B保升级综合保税区项目、黄山机场海关监管区信息化设备采购及安装项目。

（撰稿单位：中国电子口岸数据中心合肥分中心）

第八篇 荣誉榜

首次授予"光荣在党50年"纪念章名单

合肥海关离退休干部第一党支部：
倪进文　杨咸法　葛寿权　韦诗明
曹琪林

合肥海关离退休干部第二党支部：
赵成友　陈正林　金振英　傅　武
吴世平　马一方

合肥海关离退休干部第三党支部：
张忠文　李光烈　王正怀　黄锦云
刘希俊　师云保

合肥海关离退休干部第四党支部：
刘增若　潘秀珍　罗志远　郑开季
梁树宝　刘贤新　诸葛瑞松

阜阳海关第一党支部：
范宝玉

阜阳海关第二党支部：
王有才　李　哲

芜湖海关离退休干部党支部：
苏锦铭　孙麟昌　尚乃璧　刘子清

2021年国务院"授衔令"（二级关务监督及以上）

一、根据2021年2月10日国函（2021）24号令，何培玲同志由二级关务监督关衔晋升为一级关务监督关衔。

二、根据2021年6月4日国函（2021）65号令，授予张新、李德好、李寒松、王振、陈昌俊、吴忠仁、王虎、吴宁、刘长坤9位同志二级关务监督关衔。郑绍金、刘良福2位同志由三级关务监督关衔晋升为二级关务监督关衔。

三、根据2021年11月15日国函（2021）117号令，雷海涛同志由二级关务监督关衔晋升为一级关务监督关衔。

第九篇

大事记

2021年合肥海关大事记

1月

▲1日 副关长朱秋明在合肥海关分会场参加总署召开的进口高风险非冷链集装箱货物口岸环节新冠病毒检测和预防性消毒工作电视电话会议。

▲4日 副关长朱秋明赴省行政中心参加全省公共卫生体系建设和中医药大会。

▲5日 印发《合肥海关进口高风险非冷链集装箱货物口岸环节新冠病毒检测和预防性消毒实施方案》（合关卫发〔2021〕4号）。

▲6日 关长辛建民在合肥海关会见合肥市市长凌云。

▲7日 副关长谢国柱参加安徽省质量工作领导小组会议。

▲8日 副关长朱秋明、副关长谢国柱出席关区疫情防控专题工作会议。

副关长丁艺宏、副关长谢国柱出席关区ERP项目"统筹纳管"工作推进会。

▲11日 合肥海关党委研究决定：杨扬同志任淮北海关党委委员。

▲12日 缉私局局长钟明星在合肥海关会见省烟草局副局长俞进祥，双方就加强合作，打击新型烟草走私、邮件渠道烟草走私、长江航道烟草走私等交换意见。

▲14日 关长辛建民在合肥海关会见淮北矿业（集团）有限责任公司党委书记、董事长方良才。

▲19日 政治部主任李晋在省政府新闻发布厅出席2020年安徽省外贸情况新闻发布会。

▲21日 关长辛建民在合肥海关会见财政部安徽监管局党组书记、局长江乐森。

▲22日 合肥海关召开2021年度第一次形势分析及工作督查例会。

长三角海关特殊货物检查作业一体化改革首单在合肥海关试点成功。

▲27日 党委书记、关长辛建民主持召开合肥海关党委2020年度民主生活会。

▲28日　合肥海关在分会场参加全国海关工作会议、全国海关全面从严治党工作会议。

▲31日　安徽省副省长、公安厅厅长李建中在《合肥海关缉私局关于报送2020年工作情况的报告》上批示。

2月

▲2日　合肥关区H2018新一代海关通关管理系统3.0版切换上线运行。

▲4—5日　合肥海关召开2021年合肥海关工作会议。会议确定了2021年合肥海关总体工作思路。

合肥海关召开2021年全面从严治党工作会议。会议确定了2021年合肥海关全面从严治党工作的总体要求。

▲5日　合肥海关举办"关心关爱 同心同行"2021迎新春"云"上文化活动。

合肥海关召开2021年关区纪检监察工作会议。

印发《2021年合肥海关知识产权保护专项行动方案》（合关监发〔2021〕27号）。

▲8日　关党委委员、缉私局局长、党组书记钟明星主持召开全体民警工作会议。

印发《合肥海关支持市场采购贸易方式发展的十条措施》（合关监发〔2021〕31号）。

▲10日　印发《合肥海关进一步推进跨境电子商务发展的八条措施》（合关监发〔2021〕32号）。

▲17—18日　合肥海关开展疫情安全防护专项督查。

▲24日　副关长朱秋明走访安徽省商务厅，双方就进一步完善联防联控机制，切实做好安徽省进口高风险非冷链集装箱货物管理，保障产业链、供应链稳定达成共识。

▲25日　合肥海关召开2021年第二次形势分析及工作督查例会。

▲26日　合肥海关党委班子在合肥海关集体参加总署召开的"现场监管与外勤执法权力寻租"专项整治工作动员部署视频会议。

3月

▲1日　合肥关区启动全国海关缉私部门打击走私废物"蓝天2021"专项行动。

▲4日　合肥海关志愿者到合肥至爱阳光康复培训中心，开展"点亮星空 你我同行"志愿服务活动。

▲5日　关长、关案审会主任辛建民主持合肥海关2021年度第一次案件审理委员会会议。

政治部主任李晋主持召开关区信息和

新闻宣传工作推进会。

▲8日　副关长丁艺宏主持召开信息系统账号授权清理专项行动动员会。

▲9日　合肥海关与安徽医科大学签署合作协议。关长辛建民与安徽医科大学校长曹云霞共同出席签字仪式。

副关长丁艺宏在合肥海关分会场参加2021年全国海关科技工作会议。

印发《合肥海关落实2021年总署和关区两级全面从严治党工作会议重点任务分解表》（合关党发〔2021〕9号）。

▲10日　合肥海关首票长三角区域港口一体化"联动接卸"监管模式货物成功通关。

▲11日　关长辛建民听取关区缉私工作汇报。

▲12日　关长辛建民在合肥海关会见团省委副书记郑兰荣。

关长辛建民到中国电科38所现场调研。

政治部主任李晋出席共青团合肥海关第一次团员大会。

▲14日　关长辛建民、副关长雷海涛在监控指挥中心视频检查进口种猪入境监管工作。

▲15日　合肥海关在合肥海关分会场参加总署召开的全国海关党史学习教育动员会。

印发《合肥海关"现场监管与外勤执法权力寻租"专项整治工作实施方案》（合关党发〔2021〕10号）。

▲17日　合肥海关召开"现场监管与外勤执法权力寻租"专项整治工作动员部署视频会议。

安徽省委常委、政法委书记张韵声听取关长辛建民工作汇报。

合肥海关举办年度首场党史学习教育"江淮合韵"系列讲堂。

▲18日　关长辛建民主持召开关区优化营商环境海关创新举措推进工作专题关长办公会。

副关长谢国柱主持召开关区知识产权保护工作暨"龙腾行动2021"动员部署会议。

合肥海关办公室机要档案科获评全省档案系统先进集体。

▲19日　党委书记、关长辛建民赴合肥新桥机场海关开展"党史学习教育·党委书记谈心日"暨执法一线科室联系点座谈会。

副关长谢国柱参加合肥海关与安徽省商务厅联合举办的"推进安徽跨境电商发展"新闻发布会。

▲20—21日　合肥海关完成2021年度公务员考录面试工作。

▲22日　缉私局成功破获"3·15"走私羚羊角案件，缴获高鼻羚羊角431根、净重94.35千克，案值3,448万元，抓获

犯罪嫌疑人2名。

印发《合肥海关落实安徽自贸试验区专项推进行动计划方案工作任务分解表》（合办室发〔2021〕6号）。

▲23日　安徽省副省长张曙光作出批示，对合肥海关支持种猪进口工作给予肯定。

合肥海关召开2021年第三次形势分析及督查工作例会暨关区缉私工作会议。

关长辛建民调研"3·15"走私案查扣物品清点现场。

总署风险管理司风险情报工作及站点建设集中工作在合肥海关进行。

▲24日　总署风险管理司副司长王延春赴黄山海关开展调研。

▲25日　总署财务司副司长刘燕赴黄山海关开展调研。

▲26日　关党委委员、纪检组长何培玲主持召开关区纪检组专题会议和"现场监管与外勤执法权力寻租"专项整治工作推进会。

关党委委员、缉私局党组书记、局长钟明星主持召开缉私局党史学习教育和教育整顿部署动员会议。

总署风险管理司副司长王延春到合肥海关风险防控分局检查指导。

▲30日　关长辛建民主持召开关区对标学习沪苏浙推进长三角一体化发展专题办公会。

▲31日　合肥海关"强化政治意识 推动未巡先改"巡察巡回宣讲活动在黄山海关启动。

4月

▲2日　副关长谢国柱出席关区商品检验"春季练兵　网上送教"首场培训活动。

▲7日　关党委委员、纪检组长何培玲对9名新任职隶属海关主要负责同志进行任前集体廉政谈话。

副关长朱秋明主持召开关区新冠病毒疫苗接种工作专题推进会。

▲8日　关党委委员、纪检组长何培玲与13名新任职处级领导干部进行任前集体廉政谈话。

合肥海关长三角区域港口一体化"联动接卸"监管模式完成首票进口。

▲12日　关长辛建民赴中科院量子信息与量子科技创新研究院参加省院合作建设领导小组会议。

副关长谢国柱主持召开ERP项目整合工作专题推进会。

印发《合肥海关打击非法引进外来物种和种子苗木"国门绿盾2021"行动方案》（合关动植函〔2021〕53号）。

▲13日　印发《合肥海关"网上电子审核"改革试点工作实施方案》（合办室发〔2021〕10号）。

▲14日　关长辛建民到审计署驻南京特派办进行工作交流。

▲15—17日　关长辛建民到南京海关、上海海关、总署驻上海特派办交流座谈。

▲19日　副关长朱秋明在省政府新闻发布厅出席2021年一季度安徽外贸情况新闻发布会。

印发《合肥海关专项审计迎审自查工作方案》（合办室发〔2021〕11号）。

▲20日　国家考核组对合肥海关开展消除疟疾认证进行现场评估预演。

副关长雷海涛出席关区兼职内务规范教督员集中培训、税收征管业务培训活动。

▲21日　国务院2020年度省级政府安全生产和消防工作考核组到合肥海关现场考核安全生产工作。

合肥海关联合南昌海关、海口海关、济南海关、深圳海关、西安海关共同举办知识产权海关保护线上专题培训交流。

▲22—23日　总署总工程师韩森一行到合肥海关调研进口危险化学品检验监管业务。

▲23日　合肥海关开展第十期"江淮合韵"讲堂活动。

▲25日　合肥海关开展疫苗接种专项督查。

▲26日　关长辛建民会见安徽省高级人民法院院长董开军，关党委委员、缉私局局长钟明星陪同。

▲26—28日　南昌海关到合肥海关开展工作交流。

▲27日　合肥海关召开2021年第四次形势分析及工作督查例会。

关长辛建民在合肥海关会见铜陵市委副书记、代市长孔涛。

▲27—29日　总署企业管理和稽查司在合肥海关开展属地查检业务改革集中工作。

▲28—29日　合肥海关党委理论学习中心组（扩大）在金寨县开展党史学习教育专题学习。

关长辛建民、六安市委副书记潘东旭在金寨县大湾村共同出席合肥海关扶持茶叶出口基地揭牌和捐赠仪式。

合肥海关举办口岸疟疾防控培训班。

▲29日　合肥海关完成2021年度全国网络攻防演练。

5月

▲6—8日　中国海关传媒中心署级课题"智媒时代的海关传播力建设研究"结题集中工作在合肥海关进行。

副关长谢国柱陪同副省长章曦赴海口参加首届中国国际消费品博览会。

▲7日　关长辛建民会见安徽省人民检察院检察长陈武，关党委委员、缉私局

局长钟明星陪同。

合肥海关召开收费管理专项工作会议。

▲10日　副关长朱秋明主持召开国家消除疟疾认证现场评估工作专题会议、进出口食品安全工作专题会议。

合肥海关启动所属事业单位2021年公开招聘工作。

▲11日　合肥海关第一期学习贯彻党的十九届五中全会精神暨党史学习教育专题培训班在黄山海关开班。

关党委委员、缉私局局长钟明星检查督导铜陵海关缉私分局教育整顿工作。主持召开全省打击治理长江航道成品油走私"净江"行动现场推进会。

▲13日　总署专家指导组对合肥海关开展消除疟疾认证现场评估工作进行指导。

▲14日　合肥海关召开疫情防控工作会议，副关长丁艺宏主持会议。

▲15日　党委书记、关长辛建民主持召开合肥海关党委扩大会议暨合肥海关统筹口岸疫情防控和促进外贸稳增长工作指挥部会议。

▲17—18日　副关长朱秋明参加世界卫生组织专家组对合肥海关开展消除疟疾认证现场评估汇报座谈会。

▲18日　副关长谢国柱主持召开关区进口再生金属行业专项稽查行动推进视频会议。

▲19日　关长辛建民主持召开关区"推绕拖""懒散浮"专项整治督导推进会。

印发《合肥海关专项审计迎审自查工作方案》（合办室发〔2021〕11号）。

▲21日　关长辛建民在合肥海关会见招商银行合肥分行行长李军。

关党委委员、缉私局局长钟明星检查督导芜湖海关缉私分局教育整顿工作。

印发《2021年合肥海关精神文明建设工作要点》（合关党发〔2021〕28号）。

▲22—28日　合肥海关开展科技活动周活动。

▲25日　关长辛建民在池州市会见池州市委书记方正。

缉私局侦办的一起穿山甲鳞片走私案件成功扩案，该案案值从立案之初的100万元扩案至6,000万元。

合肥海关顺利通过总署网络安全远程督导评估。

▲26日　副关长雷海涛主持召开关区党史学习教育巡回指导工作会议。

▲27日　合肥海关召开党委理论学习中心组（扩大）法治专题学习会。

印发《2021年合肥海关精神文明建设工作要点》（合关党发〔2021〕28号）。

▲28日　合肥海关召开2021年第五次形势分析及工作督查例会（绩效考核专题）。

副关长朱秋明参加世界卫生组织召开的中国消除疟疾评估认证反馈视频会议。

▲31日　关长辛建民主持召开庐州海关业务流程优化协调会议。

副关长朱秋明在安徽省分会场参加全国新冠肺炎和夏季重点传染病疫情防控工作视频会议。

6月

▲1日　关长辛建民会见安徽省总工会党组书记、副主席徐发成。

▲1—2日　全国政法队伍教育整顿中央第七督导组组长胡泽君听取关党委委员、缉私局局长钟明星教育整顿工作汇报。

全国政法队伍教育整顿中央第七督导组组长胡泽君听取关党委委员、缉私局局长钟明星关于教育整顿工作汇报。

▲2日　中共安徽省委副书记、省长王清宪会见关长辛建民。

副关长丁艺宏陪同合肥市副市长路军调研技术中心。

合肥海关开展科技体验日活动。

合肥海关机关举办"海关开放日"，开展社区共建。

▲3—4日　合肥海关开展党史学习教育主题观影活动。

关长辛建民在省行政中心参加全省投资调度会。

▲4—6日　全国政法队伍教育整顿中央第七督导组在合肥海关缉私局下辖的基层分局（缉私科）进行现场督导。

▲5日　合肥海关2021年度事业单位公开招聘笔试工作结束。

▲8日　合肥海关第十二期"江淮合韵"讲堂开讲。

印发《合肥海关事业单位监督管理委员会工作办法》（合办室发〔2021〕19号）。

印发《合肥海关保税仓库和出口监管仓库布局规划指导意见（2021—2025）》（合办室发〔2021〕20号）。

▲9日　合肥海关召开脱贫攻坚与乡村振兴衔接工作总结动员座谈会。

▲11日　印发《合肥海关关于成立合肥海关安全生产工作领导小组的通知》（合关监发〔2021〕106号）。

▲15日　合肥海关召开会议，传达学习贯彻总署疫情防控专题视频会议精神。

▲16日　关长辛建民在安庆会见安庆市委书记张祥安。

副关长朱秋明主持召开关区疫情防控工作会议、关区邮递渠道安全准入风险防控"清邮"行动推进会。

副关长丁艺宏在合肥海关分会场参加总署召开的庆祝中国共产党成立100周年网络安全保障工作视频会议。

合肥海关举办关区安全生产大讲堂

活动。

▲17日 合肥海关法规处参加全国海关行政应诉第五协作区成员单位"学党史、守初心、建法治"云端联席会议。

▲20日 合肥海关与合肥市政府共同举办重点外贸企业圆桌会议。

▲21日 副关长谢国柱主持召开优化进口光刻胶检验监管流程推进会。

▲22日 关长、关案审会主任辛建民主持召开2021年度第二次案件审理委员会议。

▲23—25日 副关长朱秋明带队开展合肥海关第二轮疫情安全防护专项督查。

▲24日 合肥海关召开党委理论学习中心组（扩大）学习会，邀请安徽省委副秘书长、政策研究室主任余三元围绕安徽省委"十四五"规划建议作专题辅导报告。

▲25日 合肥海关召开2021年第六次形势分析及工作督查例会（全面从严治党专题）。

关长辛建民为老党员上门颁发"光荣在党50年"纪念章。

合肥海关组织参加"永远跟党走"——安徽省党政机关庆祝中国共产党成立100周年群众歌咏大会。

▲28日 合肥海关举办"学党史 强信念 跟党走"党史知识现场竞答。

合肥海关举办"翰墨光影——庆祝建党100周年主题书画摄影展"。

合肥海关完成关区处级干部学习贯彻党的十九届五中全会精神暨党史学习教育专题培训。

印发《"我为群众办实事"实践活动重点民生项目清单》（合关党发〔2021〕35号）。

▲30日 合肥海关举行庆祝中国共产党成立100周年表彰大会暨"光荣在党50年"纪念章颁发仪式。

合肥海关召开职业暴露感染突发事件应急处置演练视频观摩会。

7月

▲1日 合肥海关组织全体党员干部收看庆祝中国共产党成立100周年大会实况。

合肥海关党委会专题学习习近平总书记在庆祝中国共产党成立100周年大会上的重要讲话精神。

▲2日 关长辛建民主持座谈会，欢迎刘川同志赴京观摩庆祝中国共产党成立100周年系列活动归来。

▲6日 副关长朱秋明在合肥海关分会场参加2021年"全国食品安全宣传周"总署主题日活动。

▲7日 副关长丁艺宏在合肥海关会见科大国创公司董事长助理刘磊一行。

修订印发《合肥海关年度客观指标考

核实施办法（试行）》（合关人发〔2021〕127号）。

▲8日　合肥海关在分会场参加总署加强新冠肺炎疫情安全防护工作视频会议。

副关长朱秋明主持召开关区新冠肺炎疫情防控安全防护工作组会议。

▲12日　副关长朱秋明参加省新冠病毒疫苗质量安全工作领导小组会议。

▲14日　合肥海关和安徽省生态环境厅联合发文明确非法入境固体废物移交处理有关事宜。

▲15日　合肥海关召开"现场监管与外勤执法权力寻租"专项整治工作实地检查见面沟通会、问题线索汇报会。

一级巡视员雷海涛在合肥海关分会场参加总署召开的全国海关党史学习教育推进会。

合肥海关开展"我为群众办实事"《中华人民共和国民法典》宣讲进社区活动。

▲16日　关长辛建民、副关长谢国柱在省政府新闻发布厅出席2021年上半年安徽外贸情况新闻发布会。

副关长朱秋明主持召开疫情防控安全防护专题会议。

▲18日　副关长朱秋明应邀出席农业农村部主办的第七届中国奶业20强（D20）峰会。

▲20日　副关长谢国柱主持召开中国（安徽）自由贸易试验区建设立功竞赛推进会。

▲22—23日　党委书记、关长辛建民在关区学习贯彻习近平总书记"七一"重要讲话精神专题读书班讲专题党课。

合肥海关组织"我为群众办实事"爱心公益捐款。

▲27日　关党委委员、缉私局党组书记、局长钟明星主持召开2021年上半年全面从严管党治警工作例会。

副关长谢国柱出席关区2021年口岸监管工作会议。

合肥海关文体协会成立。

合肥海关首列"合肥—波兰波兹南"中欧班列运行。

▲29日　关长辛建民、副关长谢国柱赴省行政中心参加安徽省副省长章曦主持召开的赴上海市交流合作有关工作专题会。

安徽省委常委、合肥市委书记虞爱华到合肥新桥国际机场督查疫情防控工作，看望慰问一线防疫工作人员。

副关长朱秋明出席关区2021年卫生检疫工作会议。

关党委委员、缉私局局长钟明星为缉私局民警讲《学好光辉文献，感悟思想伟力，切实把思想和行动统一到习近平总书记"七一"重要讲话精神上来》专题党课。

合肥海关开展"展退役军人风采 颂百年光辉历程"活动。

8月

▲3日 合肥海关召开2021年第七次形势分析及工作督查例会（上半年工作梳理总结专题）。

▲4日 关长辛建民主持召开疫情防控指挥部工作会议。

副关长谢国柱在合肥海关会见安徽省港航集团副总经理杜炫辰。

合肥海关举办《中华人民共和国行政处罚法》专题培训学习会。

▲5日 副关长朱秋明主持召开关区新冠病毒疫苗接种工作推进会。

关党委委员、缉私局局长钟明星出席缉私局第一次团员大会。

▲6日 合肥海关在分会场参加总署召开的全国海关疫情防控工作视频会议。

副关长朱秋明主持召开疫情防控安全防护工作组会议。

芜湖海关"船边直提""抵港直装"作业模式试点落地。

▲10日 副关长朱秋明会见安徽省统计局党组成员、总统计师肖志颖。

合肥海关获评全省效能建设先进单位。

合肥海关组织开展2021年度无偿献血活动，献血总量10,200毫升。

▲17日 合肥海关党委会议研究决定：程培任合肥海关风险防控分局局长（试用期一年）；王静任宣城海关关长、党委书记（试用期一年）。

▲19日 印发《合肥海关大力推进学习型机关建设实施方案》（政工发〔2021〕18号）。

直属机关工会举行选举，合肥海关工会代表参加。

▲20日 合肥海关组织开展警示教育月"合关清韵 江淮廉风"专题活动。

▲23日 合肥海关党委委员在分会场参加总署举办的学习贯彻习近平总书记"七一"重要讲话精神宣讲报告会。

关党委委员、缉私局局长钟明星主持召开第二批缉私队伍教育整顿部署动员视频会议。

▲24日 关长辛建民在合肥海关会见安徽省委组织部副部长、省委编办主任郭本纯。

副关长朱秋明主持召开关区口岸核心能力复核工作推进会。

▲25日 副关长谢国柱赴省行政中心参加省政协十二届常委会第十九次会议暨全面拓展消费需求专题协商会。

▲26日 关长辛建民参加关区首场科长座谈会。

缉私局侦办的"3·15"涉嫌走私珍

贵动物制品进境案、张某飞走私珍贵动物制品进境案等两起案件被总署缉私局分别列为一级挂牌督办案件。

副关长谢国柱走访安徽省商务厅。

▲27日　党委委员、纪检组组长何培玲带队开展疫情内部防控监督检查。

合肥海关保障首趟茶叶专列货物中欧班列顺利发运。

▲30日　安徽省副省长张红文听取关长辛建民工作汇报。

安徽省副省长张红文主持召开专题会，研究海关查获走私冻品归口处置事宜。

▲31日　合肥海关召开2021年第八次形势分析及工作督查例会（年度重点工作推进专题）。

9月

▲1日　关长辛建民在合肥海关会见安庆市委副书记、市长张君毅。

副关长朱秋明参加2021年全国"质量月"苏浙皖赣沪共同行动启动仪式。

▲2日　关长辛建民参加关区第二场科长座谈会。

▲3日　安徽省人民政府办公厅印发《安徽省处置走私冻品管理办法（试行）》，明确了走私冻品处置牵头负责单位，建立了走私冻品联动处置工作机制，标志着合肥海关走私冻品移交地方处置工作机制正式落地。

▲6日　海关总署与安徽省人民政府在北京签署新一轮合作备忘录。总署署长倪岳峰、安徽省省长王清宪分别代表双方签署备忘录。总署副署长孙玉宁、安徽省副省长张红文出席。

▲7日　副关长谢国柱出席京东"合肥—伦敦"国际货运航线合作协议签约仪式。

▲8日　合肥海关保障"合肥—伦敦"货机航线首航。

▲14日　合肥海关完成所属事业单位人才引进岗位面试工作。

印发《合肥海关信息采用计分实施细则（修订）》《合肥海关新闻舆论工作成果统计规则（2021年修订）》（合办函〔2021〕22号）。

▲15日　关长辛建民在平安建设合肥海关联系点铜陵市铜官区开展社会治安综合治理工作调研。

党委委员、纪检组组长何培玲在二级监控指挥中心对关区各隶属海关报关大厅、庐州海关邮检场所等业务现场疫情防控安全防护情况进行项监控检查。

副关长朱秋明在合肥海关分会场参加全国新冠肺炎和流感等秋冬季重点传染病疫情防控工作视频会。

安徽省首票跨境电商特殊区域出口海外仓零售（1210模式）业务正式开通。

合肥海关举办"江淮合韵——云讲堂"。

▲22日 印发《合肥海关依法分类处理信访诉求清单》（合办室发〔2021〕29号）。

▲24日 副关长朱秋明在蚌埠参加长三角欠发达区域高质量发展动能暨皖北承接产业转移集聚区建设推进大会。

▲27日 副关长谢国柱在合肥海关会见蚌埠市副市长陈忠卫。

▲29日 合肥海关召开2021年第九次形势分析及工作督查例会（落实署省合作备忘录专题）。

关长、关案审会主任辛建民主持召开2021年度第三次案件审理委员会议。

▲30日 缉私局侦办的"3·15"走私羚羊角案一审判决宣判。

10月

▲8日 副关长丁艺宏、副关长谢国柱会见合肥高新区管委会副主任方向民一行。

▲9日 关长辛建民、副关长谢国柱参加关区业务改革和自由贸易区海关监管制度创新工作推进会。

副关长丁艺宏参加关区事业单位发展规划推进暨2021年度经营指标签订会议。

关区首票跨境电商网购保税零售进口商品通过中欧班列方式运输进入合肥综合保税区。

▲11日 关长辛建民走访安徽省药监局。

▲11—17日 合肥海关开展网络安全宣传周活动。

▲12日 副关长朱秋明出席关区统计分析培训班开班式并授课。

▲13—15日 关长辛建民赴六安市、安庆市开展乡村振兴工作调研。

▲14日 副关长丁艺宏出席关区信息化基础知识培训班开班式并授课。

▲15日 副关长朱秋明出席前三季度安徽外贸情况新闻发布会。

副关长朱秋明专题部署关区加强海南离岛免税商品溯源码应用工作。

▲17日 中国共产党安徽省直属机关代表会议召开，关长辛建民参加会议。

▲18日 关长辛建民在合肥海关会见安徽省供销社党组书记、理事会主任吴良斯。

副关长谢国柱参加安庆综合保税区预验收工作。

▲18—20日 总署缉私局第二批教育整顿第四督导组组长赵建忠一行6人对缉私局开展教育整顿情况进行现场督导。

▲19日 合肥海关与安徽省市场监督管理局签署合作备忘录。

合肥海关开展巩固脱贫攻坚成果走访慰问活动。

缉私局接受中央第七督导组教育整顿实地督导。其间，关长辛建民和中央第七督导组成员、总署缉私局第四督导组一行等进行了会面。

▲19—20日　副关长谢国柱出席关区进出口商品检验工作会议。

▲20日　副关长朱秋明出席关区口岸传染病防控培训班开班式并授课。

印发《合肥海关跨境电子商务零售进口退货中心仓监管操作规程》（合办室发〔2021〕31号）。

▲20—22日　关区信息和新闻宣传集中工作在亳州海关举行。

▲21日　中国海关学会秘书长（南方片区）工作会议在黄山海关举行，关长辛建民到会致辞。

副关长朱秋明参加在厦门海关召开的全国海关加强海关统计工作专题会议。

副关长谢国柱以"四不两直"方式监督检查关区二级监控指挥中心工作。

合肥海关减免税业务培训班在阜阳开班。

▲22日　关长辛建民在黄山机场指导进口冷链食品疫情防控应急处置演练。

一级巡视员雷海涛主持召开专题会议，研究部署关区疫情防控工作。

▲25日　合肥海关召开网络安全和信息化领导小组专题会议，关长辛建民主持会议。

▲25—28日　合肥关区新闻舆论培训班（第二批）在黄山海关举办。

▲27日　合肥海关召开2021年第十次形势分析及工作督查例会（巡视整改"回头看"专题）。

副关长丁艺宏参加关区2021年科普讲坛活动。

▲28日　合肥海关举办基层党务工作专题培训班。

缉私局印发《合肥海关缉私局案件审理委员会工作规程》（合缉发〔2021〕47号）。

▲29日　副关长朱秋明、副关长谢国柱在合肥海关分会场参加总署召开的全国海关疫情防控工作视频会议。

▲30日　合肥海关保障首列"合肥—巴塔列伊纳亚"中欧班列开行。

▲31日　党委书记、关长辛建民当选中国共产党安徽省第十一届委员会委员。

11月

▲1日　党委书记、关长辛建民参加中国共产党安徽省第十一届委员会第一次全体会议。

安徽省发改委调研组赴合肥空港保税物流中心（B型）开展进出口业务调研。

▲3日　合肥海关举办第二季"模拟法庭"展示活动。

▲6日　关长辛建民参加安徽省政府

常务副省长刘惠在合肥新桥机场主持召开的合肥市航空口岸发展情况调研座谈会。

▲8日　副关长朱秋明主持召开关区内部疫情防控工作会议。

副关长谢国柱主持召开"东京—合肥"航班入境监管业务协调会、自由贸易区立功竞赛决赛工作推进会。

▲9日　关长辛建民、副关长谢国柱在合肥海关分会场参加总署召开的全国海关稽查改革推进会议。

印发《合肥海关主动公开基本目录（2021年版）》（合办函〔2021〕29号）。

▲10日　关长辛建民主持召开关区跟班作业工作推进会。

关长辛建民在合肥海关会见安庆市副市长杨林。

▲15日　关长辛建民出席合肥新桥国际机场改扩建工程开工仪式。

合肥海关召开2021年"政治机关建设"专项巡察动员会。

2021年世界制造业大会首批进境展品高精度气体分析仪运抵合肥综合保税区。

▲16日　合肥海关党委召开理论学习中心组（扩大）会议，专题学习传达党的十九届六中全会精神。

关长辛建民赴省行政中心参加全国今冬明春保暖保供工作会议。

合肥海关完成首家失信企业信用修复业务。

2021年度缉私行政违法案件分片区考评工作在庐州海关开展。

▲17日　关长辛建民参加关区第三场科长座谈会。

▲18日　关长辛建民参加关区第四场科长座谈会。

副关长谢国柱在合肥海关会见黄山市副市长程红。

▲19日　关长辛建民出席2021年世界制造业大会开幕式暨主旨论坛。

▲21日　关长辛建民参观2021年世界制造业大会展览。

▲22日　安徽省副省长周喜安就"一带一路"建设在合肥海关调研。

▲23日　关长辛建民在合肥海关会见安徽移动公司党委书记、董事长、总经理钱力一行。

安徽省副省长周喜安在铜陵（皖中南）保税物流中心（B型）调研。

▲24日　关长辛建民赴安徽省财政厅走访调研。

▲25日　副关长丁艺宏主持关区干部人事工作培训会议。

▲26日　合肥海关召开2021年第十一次形势分析及工作督查例会（年度重点工作冲刺收尾专题）。

▲28日　召开政治机关建设专项巡察动员会，启动年内第二轮巡察。

▲29日　缉私局侦办的涉嫌走私珍贵

动物及其制品进境案被总署缉私局列为二级挂牌督办案件。查证穿山甲鳞片31.3千克、价值200.32万元，依法逮捕犯罪嫌疑人2人。

▲30日　合肥海关举行中国（安徽）自由贸易试验区建设立功竞赛。

12月

▲1日　总署党委举办理论学习中心组（扩大）学习暨党的十九届六中全会精神专题学习班专题宣讲，合肥海关领导干部在分会场参加学习。

▲2日　安庆综合保税区通过现场验收。

关长辛建民陪同安徽省副省长周喜安赴马鞍山会见丰田未来制作所总裁丰田浩之。

副关长朱秋明出席安徽省质量大会。

合肥海关召开基层党支部高质量发展推进会。

合肥海关举办税收征管业务视频培训班。

▲3日　副关长朱秋明主持召开关区进口商品风险监测工作领导小组会议。

▲6日　副关长朱秋明参加总署举办的口岸新冠肺炎疫情防控突发事件应急处置汇报演练活动。

黄山屯溪国际机场海关监管场所建设项目开工建设。

▲7日　关长、关案审会主任辛建民主持召开2021年度第四次案件审理委员会议。

合肥海关、安徽省经济和信息化厅、安徽省公安厅、安徽省交通运输厅、安徽省农业农村厅、安徽省商务厅、安徽省市场监督管理局联合下发《关于贯彻落实八部委〈关于加强新形势下打击冻肉走私工作的意见〉的通知》（合关缉发〔2021〕230号）。

印发《合肥海关主动公开基本目录（2021年版）》（合办函〔2021〕29号）。

▲7—9日　合肥海关开展第四季度疫情安全防护专项督查。

▲8日　关长辛建民参加关区第五场科长座谈会。

▲9—11日　合肥海关举办党委理论学习中心组（扩大）学习暨党的十九届六中全会精神专题学习班。

▲10日　印发《合肥海关贯彻落实〈"十四五"海关发展规划〉实施方案》（合关统发〔2021〕231号）。

▲13日　缉私局走进校园为中学生开展"珍爱生命　远离毒品"送法进校园宣传教育活动。

▲14日　安徽省委常委、合肥市委书记虞爱华在合肥海关宣讲党的十九届六中全会精神。

▲15日　合肥海关与总署办公厅联合

举办"薪火相传　'徽'聚力量"主题在线访谈。

关长辛建民主持召开关区离退休干部工作领导小组会议。

副关长谢国柱出席关区综合通关业务视频培训班开班式并授课。

▲17日　关长辛建民陪同安徽省省长王清宪调研合肥自由贸易实验区建设工作。

关党委委员、缉私局局长钟明星出席关区政务公开培训班开班式。

副关长丁艺宏出席关区财务管理知识培训班开班式。

安徽省打私办针对亳州市连续查获走私濒危动植物制品案件等情况，联合地方政府相关部门，开展专题调研，落实"一地一策"，走入亳州市张竹园村开展"严打濒危物种走私，保护生物多样性"反走私宣传活动。

▲21日　关长辛建民在合肥海关会见中检认证集团安徽有限公司总经理王纲。

▲22日　关长辛建民在合肥海关会见蚌埠市委副书记、市长操龙灿。

一级巡视员雷海涛出席关区2021年度动植检工作会议暨监管能力提升培训会议。

▲23日　关长辛建民在合肥海关会见马钢（集团）控股有限公司党委书记、董事长丁毅。

合肥海关依法退运固体废物209.1吨。

▲24日　安徽省首票RCEP跨境电商特殊区域出口海外仓（1210）业务开通。

▲27日　关党委委员、缉私局党组书记、局长钟明星主持召开2021年度全面从严管党治警暨思想政治工作例会。

▲28日　党委书记、关长辛建民在合肥海关分会场参加总署召开的直属海关单位党委书记述责述廉述党建会议。

合肥新桥机场海关进行进境冷链食品包机保障实战演练。

黄山海关与红其拉甫海关开展"云上"共建活动。

合肥崔某楠等人涉嫌走私珍贵动物制品进境案被总署缉私局列为一级挂牌督办案件。

合肥海关、安徽省公安厅、安徽省交通运输厅、安徽省农业农村厅联合下发《关于落实五部委〈"三无"船舶联合认定办法〉的通知》（合关缉发〔2021〕237号）。

▲29日　合肥海关召开2021年第十二次形势分析及工作督查例会（客观指标考核专题）。

▲30日　关长辛建民在合肥海关会见六安市委副书记、市长潘东旭。

合肥海关开展节前新冠肺炎疫情防控工作检查。

合肥海关保障中老铁路国际货运列车

（合肥—万象）首发开行。

▲**31日** 合肥海关在合肥海关分会场参加总署召开的全国海关党史学习教育总结会议。

关领导先后赴二级监控指挥中心对进口重点商品作业及安全防护开展监督指导。

总署正式批复安庆综合保税区验收合格。

关区行邮税征管新系统上线。

附录

2021年合肥海关公告

中华人民共和国合肥海关公告

2021年第1号

安徽蚌埠中恒商贸城的市场采购商品认定体系和属地市场综合管理系统正式通过联合验收,根据海关总署公告2020年第114号,自2021年1月25日起,正式实施市场采购海关监管方式,监管方式代码为"1039"。

特此公告。

合肥海关
2021年1月25日

"中国海关史料丛书" 编委会

主 任 委 员　　胡　伟

副主任委员　　黄冠胜　杨振庆

编委会委员　　刘学透　赵燕敏　吴瑞祥　刘书臣　黄秀生
　　　　　　　李海勇　王晓刚　田　壮　王　虹　刘先中

执 行 主 编　　谢　放　詹庆华　郭志华

编　　　　辑　　房　季　王　虎　解　飞　范嘉蕾　李　多
　　　　　　　刘金玲　贺　红